악기로 하는 인성 교육

70가지
레슨 이야기

김 훈 지음

악기로 하는 인성 교육
70가지
레슨 이야기

초판 1쇄 인쇄 2020년 03월 12일
초판 1쇄 발행 2020년 03월 23일
지은이 김훈

펴낸이 김양수
책임편집 이정은
편집·디자인 김하늘
교정교열 박순옥

펴낸곳 도서출판 맑은샘
출판등록 제2012-000035
주소 경기도 고양시 일산서구 중앙로 1456(주엽동) 서현프라자 604호
전화 031) 906-5006
팩스 031) 906-5079
홈페이지 www.booksam.kr
블로그 http://blog.naver.com/okbook1234
이메일 okbook1234@naver.com

ISBN 979-11-5778-433-2 (03670)

* 이 도서의 국립중앙도서관 출판예정도서목록(CIP)은 서지정보유통지원시스템 홈페이지(http://seoji.nl.go.kr)와 국가자료종합목록 구축시스템(http://kolis-net.nl.go.kr)에서 이용하실 수 있습니다.
  (CIP제어번호 : CIP2020010830)
* 이 책은 저작권법에 의해 보호를 받는 저작물이므로 무단전재와 무단복제를 금지하며, 이 책 내용의 전부 또는 일부를 이용하려면 반드시 저작권자와 도서출판 맑은샘의 서면동의를 받아야 합니다.
* 파손된 책은 구입처에서 교환해 드립니다.   * 책값은 뒤표지에 있습니다.

목차

이야기에 앞서 … 8

1장
준비 단계

저를 이렇게 도와주세요 … 12

준비 단계 … 13

2장
70가지 레슨 이야기

1. 가정에서의 레슨 1 … 26

2. 가정에서의 레슨 2 … 28

3. 가정에서의 레슨 3 … 30

4. 같은 곡 다른 레슨 … 32

5. 거울 속의 레슨 … 34

6. 곰탕 맛을 유도하는 레슨 … 37

7. 그룹 레슨 시 혼자서 자꾸 소리를 내는 아이 … 39

8. 그룹 레슨할 때 선생님이 질문하면 … 42

9. 나의 생각 아이의 생각 … 45

10. 다시 생각해보는 레슨 … 50

11. 단계적 능력을 만들어주는 레슨 … 52

12. 대화 속의 레슨 … 54

13. 레슨 진행에 대해서 1 … 56

14. 레슨 진행에 대해서 2 … 59

15. 레슨하는 방법 10가지 … 61

16. 레슨 시 아이의 나이로 돌아가기 … 64

17. 레슨 시 아이의 집중도를 생각해 보세요 … 67

18. 레슨 시 연주 능력과 구별 능력의 필요 … 69

19. 레슨 시 전하고 싶은 마음을 쉽게 전하려면 … 72

20. 레슨의 주체성 … 74

21. 레슨의 즐거움 … 76

22. 레슨 진행자의 역할 … 78

23. 못하는 것일까 안 하는 것일까? … 80

24. 무엇이 중요할까요? … 82

25. 물고기를 잡아주는 레슨,

　　 물고기 잡는 방법을 알려주는 레슨 … 84

26. 레슨과 연습 습관 … 86

27. 레슨 시 교정의 시기에 대해서 … 88

28. 레슨 시 쉽게 이끌어 가는 눈 … 89

29. 레슨의 형태 1 … 91

30. 레슨의 형태 2 … 93

31. 연주 시 표현을 위한 레슨 방법 … 95

32. 연주의 환경 만들기 … 97

33. 바이올린과 첼로를 통한 성격 형성 1 … 99

34. 바이올린과 첼로를 통한 성격 형성 2 … 101

35. 바이올린과 첼로를 통한 성격 형성 3 … 103

36. 그룹 레슨 시 나타나는 현상 1 … 105

37. 그룹 레슨 시 나타나는 현상 2 … 107

38. 긍정의 눈 … 109

39. 바이올린과 첼로를 바라보는 마음 … 111

40. 바이올린과 첼로 레슨의 노하우 … 113

41. 새로운 것을 좋아하는 아이의 레슨 … 115

42. 새로운 레슨 시작 시 중요한 선택은 … 117

43. 새로운 것에 대한 두려움이 있는 아이의 레슨 … 119

44. 세 살 버릇 여든까지 간다 … 121

45. 수업 시간에 나타나는 현상에 대하여 … 125

46. 아이 마음 내 마음 … 128

47. 연주가 안 돼서 짜증을 내는 아이 … 129

48. 아이들이 변해가고 있어요 … 131

49. 아이의 마음을 읽을 수 있을까? … 133

50. 연속극, 연재만화 같은 레슨 … 135

51. 연습을 너무 열심히 하지 마세요 … 137

52. 연습을 싫어하는 아이 … 139

53. 우리는 사람인데 … 142

54. 우리의 판단 … 144

55. 이런 레슨은 어떨까요? … 146

56. 잘못하는 것을 잘하기 … 148

57. 제일 좋은 레슨 진행 … 150

58. 지도자의 자질(인격적인) … 152

59. 아이가 태어나면 무엇부터 가르쳐야 할까요? … 154

60. 첫 번째 습관 … 157

61. 초보 단계 레슨 방법의 중요성 … 159

62. 칭찬과 체벌 … 161

63. 표현을 위한 준비 레슨 1 … 164

64. 표현을 위한 준비 레슨 2 … 166

65. 표현을 위한 준비 레슨 3 … 168

66. 하나의 완성 … 170

67. 한 번 레슨 시 하나만 요구하기 … 172

68. 레슨할 때의 타이밍 … 174

69. 상상 속의 레슨과 상상 속의 연습 … 177

70. 마지막 이야기 … 179

이야기에 앞서

'70가지 레슨 이야기'라는 이 책의 제목처럼 그동안 만 2세부터 60세까지 많은 제자의 레슨을 하였습니다. 레슨 과정에서 다 훌륭하게 성공하지는 못하였지만 40여 년의 경험 속에서 다른 개성과 특징을 가진 학생들을 지도했던 방법을 이 책에 담고자 합니다.

1978년도 지인의 소개로 청주 재능개발연구회 유치원과 인연을 맺었습니다.
그동안 제가 지도하던 초중고 학생들보다 더 어린 유치원 아기들을 대상으로 악기로 인성 교육에 큰 영향력을 줄 수 있다는 것에 매력을 느껴 이 교육에 참여하게 되었습니다.

 아이들은 입으로만이 아닌 몸짓, 표정, 행동, 눈망울로도 이야기한다는 것을 알 수 있었습니다. 그들 모두와 정확하게 교감했다 할 수는 없지만 이제는 눈빛만 보아도 그들의 생각을 읽을 수 있을 것 같습니다.

 이 책을 통해 짧은 레슨 시간 속에서도 아이들이 마음으로 말하고 싶어하는 것들을 보고 들을 수 있게 되었으면 좋겠습니다. 그래서 효과적으로 교육하시는 데에 조금이나마 도움이 되었으면 합니다.

2020년 3월
김훈

· 1장 ·

준비 단계

저를 이렇게 도와주세요

아이들은 하나의 인간으로 이 땅에 태어나서 시간의 흐름 속에서 조금씩 조금씩 자라며 여러 가지의 환경을 만납니다. 시간의 흐름에 따라 자연스럽게 지내도 성장하지만 조금 더 발전된 흐름에 좇아가려면 먼저 태어난 여러분이 도와줘야 편안한 흐름을 따라 자랄 수 있습니다.

악기를 통하여 이렇게 도와주시면

더 편하게
더 행복하게
더 쉽게 자라납니다.

준비 단계

아이가 태어나서 1년 동안 형성되는 것의 중요성!

예전에 읽은 책에서 이런 것을 본 기억이 납니다.

천재가 되기 위해서는 태어나서 1년 동안 어떻게 하느냐가 중요하다는 문구입니다. 그만큼 1년 동안은 기본적인 뇌 형성의 밑거름이 되는 것 같습니다.

그럼 1년 동안 무엇을 어떻게 하여야 할까요?

여러 가지 습관과 집중력, 이런 것에 몸이 익숙해지도록 해야 합니다. 어려운 기간이지요. 앞으로 많은 연구가 필요할 것 같습니다.

♪ 1단계

1) 이렇게 연결해주세요

저는 아이입니다.

저는 기본적인 하드 용량은 많아요.

여러 가지를 연결해주세요. 그래야 제가 움직일 수 있고 무엇이든지 잘할 수 있어요.

무엇이든지

보고

듣고

따라 하면서

하나씩 형성해가며 나중에 하나의 독립적인 개체로 완성됩니다.

그럼 무엇을, 어떤 것을, 어떻게, 얼마만큼 해주면 좋을까요?

저는 처음에는 집중 시간이 짧아요. 가만히 있는 것보다 움직이는 것이 좋아요. 하지만 너무 빠른 것은 싫어요.

소리는 일정한 것보다 음의 고저가 있는 것이 좋아요.

저는 한두 번 하고는 제 것이 되지 않아요. 귀찮으시겠지만 여러 번 반복해주세요. 그런데 저는 여러 번 반복하면 싫어져요. 그래서 같은 것이지만 다르게 제시해주세요.

똑같은 것 계속하는 것보다 변화가 있는 것을 좋아해요. 그렇다고 자꾸 바뀌는 것을 해주시면 꾸준히 무언가를 해내는 인내심이 자라지 않겠지요.

경험 많으신 여러분이 잘 알아서 해주시면 제가 잘 자라지 않겠어요?

2) 무엇이든지 주세요

저는 무엇이든지 잘 받아먹어요.

저는 항상 배고픈 상태이니까요.

저는 궁금하고 신기하지만 무섭기도 해요.

제가 보고 듣는 것은 전부 처음 접하는 것이기 때문이에요.

그렇지만 제가 조금만 지나면 다 알 수 있어요. 저 사람은 무섭고 저 사람은 친절하다는 것을요.

저는 상대방의 마음까지 알아요. 물론 저의 생각이지만요. 그래서 저는 상대방을 보면서 웃기도 하고 울기도 하지요.

그런 저에게 웃으며 만날 수 있게 유도해주시면 안 될까요?

그런데 항상 웃기만 하셔도 안 돼요. 왜냐하면 저의 성격을 여러분이 만들어주셔야 하니까요. 때에 따라선 잘못하는 건 야단도 쳐주셔야 해요. 그래야 저의 잘못된 습관이나 나쁜 행동을 고칠 수 있으니까요. 맨 처음부터 습관이 잘못된 것이 몸에 배면 큰일 나니까요. 옛말에 세 살 버릇 여든까지 간다고 하잖아요.

제가 욕심이 너무 많은가요?

많이 많이 주세요.

3) 잘못하더라도 기다려주세요

저는 한 번에 모든 것들을 습득하지 못해요. 또 알지도 못해요. 답답하더라도 참아주실 수 있으세요? 저는 무엇이 맞는 것인지도 처음에는 몰라요. 시간과 무수한 반복이 있어야만 조금씩 구별하거든요. 기다려 주셔야 해요. 하지만 무작정 기다려주시는 것만이 정답은 아닌 것 같아요.

기다려주시기만 하는 것은 나태해질 수 있어요. 조금씩 발전하는 소스가 있게 진행하면서 기다려 주셔야 할 것 같아요.

저에게 알맞은 소스와 함께 기다리기, 너무 어렵죠? 하지만 여러분은 경험이 많으니까 가능할 거예요.

4) 하기 싫어하더라도 계속해주세요

저는 욕심쟁이라 제가 편하고, 쉽고, 맛있는 것만 좋아해요. 그래서 조금만 어려우면 울고 안 하려 하지요. 그렇지만 계속할 수 있게 이끌어 주세요.

왜 안 하려 할까요?

많은 이유가 있어요.

첫째 너무 힘들어서

둘째 너무 재미가 없어서

셋째 너무 어려워서

넷째 너무 쉬워서

이런 것 때문이에요.

복잡하죠? 이런 것을 이유라고 할 수 없지만 쉽게 해결할 수 있지 않을까요?

여러분은 어른이니까요.

1단계를 생각하면 제가 많이 커 있지 않을까요?

♪ 2단계

1) 이젠 구체적인 준비를 해주세요

악기를 통하여 곡을 연주하기 위해서 준비해야 하는 것을 생각해보도록 하지요.

악기를 연주하려면 미리 무엇을 준비해야 할까요?

옛날에 아이들에게 곤지곤지, 잼잼 등 소근육 운동을 통하여 준비하듯이 악기를 연주하기 위해서는 악기를 만지기 전에 준비 단계를 거치면 편안한 진행을 할 수 있어요.

바이올린을 가지고 생각해 보죠.

준비 단계라는 것을 간단히 소개하면 악기를 연주하기 위해서 오른쪽으로 활을 잡는 방법과 왼쪽 손가락 누르는 방법 등을 미리 준비하는 과정이랍니다.

서서 연주하는 자세를 만들기 위해 발을 움직이는 것부터 활을 잡기 위해 힘을 기르고 바른 모양으로 움직이기 위해 팔을 움직이는 것 등을 준비하는 것이죠. 그런데 중요한 건 가르치는 것이 아니라 제가 스스로 할 수 있게 유도해 주는 것이 중요합니다.

2) 자세한 준비 단계

① 활을 잡기 위한 손가락 힘 기르기
② 손가락 모양 만들기
③ 왼손 누르기를 위한 손가락 힘 기르기
④ 타취를 위한 순발력과 누르는 모양의 준비와 타취 순발력
⑤ 활 쓰기를 위한 위팔, 앞 팔, 손목, 손가락 등을 움직이기
⑥ 줄을 옮기기 위한 팔의 모양과 위치 연습하기
⑦ 이현을 위한 준비 연습
⑧ 바이올린 고정을 위한 왼쪽 연습
⑨ 리듬 연습을 위한 활 움직이는 방향과 순발력 등

3) 초보 준비 단계

① 리듬 익히기
② 몸을 움직이기 위한 준비 연습
③ 오른쪽 팔, 손목, 앞 팔, 손가락을 움직이기 위한 준비
④ 왼쪽 팔, 손목, 손가락을 움직이기 위한 준비
⑤ 종합적인 연습

4) 리듬 익히기: 기본 박자를 익히기 위한 동작

① 심박 듣기

② 심박에 따라 리듬 치기

③ 걷기와 정지 리듬과 쉼표의 연결 연습

④ 상대방과의 주고받는 응답

⑤ 리듬의 속도 변화 유도, 한 박자에서 반 박자 유도 등

⑥ 리듬의 분할

⑦ 리듬의 창조

⑧ 모든 리듬을 몸으로 익혀 나간다.

　　리듬 익히는 노래

　　걷기와 서기를 리듬에 맞춰서 작은 걸음 큰 걸음 정지를 통하여 연습

　　뛰기 포함

　　몸과 손가락, 손뼉 등을 이용하기

5) 스스로 만들어가기 위한 작업

① 음의 변화를 알기

② 음의 높낮이를 알기

③ 음의 변화에 따른 손가락 누르는 연습

④ 리듬의 변화에 따른 움직임 알기

⑤ 리듬을 말로 표현하여 매치 시키기(딴, 따, 뜨, 웃, 으)

이런 작업을 하더라도 중요한 것은 아이 본인이 스스로 터득해 나가야 한다는 것입니다. 그렇게 진행하려면 우리가 기다려 주어야 합니다.

♪ 3단계

이제부터는 무엇이든지 다 받아먹고 또 표현도 할 수 있어요.

그런데 중요한 건 이전 단계에서 어떻게 교육하였는지에 따라 큰 차이가 날 것입니다.

스스로 자랄 수 있게 도와주셨으면 빠른 속도로 전진할 것이고, 일일이 먹여 주셨으면 앞으로도 계속 먹여 주셔야 할 것입니다. 단 개개인의 차이가 심함으로 여러분이 기다리면서 응원해주셔야

즐겁게

빠르게

앞으로 나아갈 것입니다.

또 계속적인 도움도 필요할 것입니다.

어떤 높이 뛰기 선수의 이야기를 나눌게요.

아이가 태어나서 걷기 시작하자 부모가 작은 나무를 뛰어넘는 것을 가르쳤답니다. 처음에는 몇 센티미터 안 되는 높이의 나무를 매일 뛰어넘었는데 나무가 점점 자라면서도 아이가 부담 없이 뛰어넘더니 나중에 높은 나무가 되어도 쉽게 뛰어넘

을 수 있게 되었다는 이야기가 있어요.

  반복되는 훈련이 나중에 높은 실력으로 이루어지는 것을 상기하며 지속적이고 부담 없는 훈련이 꼭 필요하다는 것을 잊지 않았으면 좋겠습니다.

· 2장 ·

70가지
레슨 이야기

𝄢 01

가정에서의 레슨 1

가정에서 악기를 지도할 때 제일 중요한 것은 아이의 지금 상태가 어떤지를 아는 것입니다. 아이의 상태를 알고 연습을 시켜야 효과도 있고 능력도 생깁니다. 누구나 움직이기 싫을 때 잡아끌면 거부 반응이 나오기 마련입니다.

사람뿐만이 아니라 강아지도 마찬가지입니다. 우연히 산에서 강아지와 마주쳤는데 주인이 강아지를 끌자 강아지가 엉덩이를 땅에 대고 주저앉아서 꿈적도 않고 있는 것을 보았습니다. 강아지도 그 당시는 무엇인가 요구하며 움직이지 않으려 하는 것 같았습니다.

아이가 마음속에는 다른 생각을 하고 있는데 열심히 지도한다고 과연 효과가 있을까요?

시간대를 아이와 잘 맞게 정하여 정기적으로, 규칙적으로, 조금씩 시작하여 시간을 늘려나가야 아이의 집중력도 늘고 많은 발전이 있습니다.

01) 알맞은 시간대 정하기
02) 알맞은 시간 정하기
03) 알맞은 수준 정하기

𝄢 02
가정에서의 레슨 2

    가정에서 아이들의 악기 연습을 도와줄 때 생각해 볼 것은 매 연습 시 연습할 곡을 잘 선택해서 하여야 효과가 있습니다.
    어떤 곡을 연습하다 보면 여러 부분이 잘 안 될 때가 있겠지요.
    이곳저곳을 연습하려면 힘도 들고 짜증이 나기 마련입니다.
    그럼 연습의 효과도 적어지고 결국 연습을 그만하게 되겠지요.
    아이들은 한 번에 하나만 생각하게 유도 하여야 쉽게 진행이 됩니다.
    또 제일 근본적인 것부터 시작하여야 편안하게 습득됩니다.

그러기 위해서는 처음에는 부모님들의 도움이 필요하겠지요.

부모님들이 가르치는 것이 아니라 어떻게 연습해야 하는지를 가르치는 것이 우리 선생님들과 부모님들의 역할입니다.

연습할 때는 스스로 하면서 터득하는 것이 처음부터 습관이 되어야 나중에도 몸에 배어서 스스로 하게 됩니다. 그렇게 하면 악기만이 아닌 모든 것을 혼자서 이루어 가는 아이들이 될 것입니다.

연습은 한 번에 하나씩 제일 기본부터 하세요.

𝄢 : 03
가정에서의 레슨 3

 아이들을 레슨하다 보면 시대에 따라 아이들도 변하고 있는 것을 알게 됩니다. 환경의 변화에 따라 아이들이 접하는 것이 변하고 있기 때문인 것 같습니다.

 레슨을 하다 보면 선생님이 주문하는 것보다 자기가 생각하고 있는 것으로 진행하는 아이들이 많아지고 있습니다. 그러다 보니 집중 시간이 많이 짧아지고 있는 것도 느낍니다. 그래서 오래전에 진행하던 레슨 방법으로 아이들을 가르치면 아이들이 잘 따라오지 못합니다.

 물론 개인별로 레슨 방법이 다르겠지만 공통적으로 어린아이들의 지도 방법은 우선 레슨받을 때 어떻게 진행할지 아이 본인의 생각을 먼저 들어보는 것입니다.

아이들이 무슨 생각을 하고 있나를 먼저 파악하고 레슨하면서 레슨 내용을 이해하고 있나를 확인하여 짧게 입력이 되게 하여야 효과를 얻을 수 있습니다. 그러면 아이들 자신도 흥미가 생기게 될 것입니다.

또한 말할 때는 아이의 입장에서, 그 눈높이에서 말을 하여야 쉽게 진행됩니다.

레슨은 진행하는 사람의 의견이 아니라 받는 사람의 의견과 눈높이에서 시작하고 진행하는 것이 빠른 효과를 내는 지름길이 될 것입니다.

𝄢: 04
같은 곡 다른 레슨

여러 해 동안 레슨하다 보면 같은 곡을 레슨할 때가 많이 생깁니다.

분명히 같은 곡이지만 레슨은 다르게 하지요.

왜? 다르게 하고 있을까요?

그럼 다르게 하고 있는 것이 틀린가요?

여러분들은 어떻게 하고 계신가요?

생각해봅시다.

왜 다르게 해야 하나요?

그건 배우는 아이가 다르기 때문이지요.

배우는 아이의 상태가 다릅니다.

나이도 다르고 생각도 다르고 능력도 다릅니다.

그 아이에 맞는 방법, 그 아이가 받아들일 수 있는 방법으로 진행해야 합니다.

어느 곳을 가더라도 여러 길이 있는 것처럼 같은 곡이지만 그 아이에게 맞는 방법을 찾아서, 그 아이가 쉽게 이해할 수 있는 방법을 찾아서 레슨을 하여야 할 것 같군요.

여러분의 생각은 어떠세요?

𝄢 05

거울 속의 레슨

모든 사람이 자기 자신을 보려면 거울을 봅니다. 다른 사람이 보고 말해주는 것과 본인이 직접 보아서 느끼는 것은 많은 차이가 있게 마련입니다.

다른 사람을 따라 할 경우 그 모습이 정확한지를 직접 하면서도 잘 느끼지 못하는 경우가 많습니다. 이 경우 제삼자의 역할인 거울을 통하여 자신을 보면서 직접 느끼면 쉽게 교정할 수 있습니다.

거울을 보게 하는 이유는 아름답고 바르게 하려고 노력하는 것이 사람의 심리이기 때문입니다. 이런 효과를 레슨에 이용하면 스스로 자기 연주 모습을 완성해가면서 좋은 결과를 만들어갈 수 있습니다.

어린아이일수록 선생님의 올바른 모양을 거울 속으로 보여 줘야 혼돈이 없습니다.

형태: 레슨할 때 아이의 위치는 거울을 마주 보고 서게 합니다. 선생님은 아이 뒤에 서는데, 아이가 거울을 통하여 선생님이 잘 보이게 뒤에 서서 레슨을 합니다.

예를 들어 보겠습니다.

01) 바이올린 위치 고정
바이올린을 올리는 것이 어떤 행태인지를 거울로 항상 확인합니다.
바이올린이 앞으로 오는 아이는 어떤 형태가 앞이고 어떤 형태가 옆인지 확인시키고, 어떤 형태가 맞는 것인지를 선생님이 거울을 통하여 이야기하며 자세를 고쳐줍니다.

02) 오른쪽 어깨의 모습
연주 시 오른쪽 어깨에 힘이 들어간 상태와 힘이 빠진 상태를 구별시킵니다.

03) 오른쪽 위팔의 위치
오른쪽 위팔의 위치와 바이올린과의 관계를 확인시킵니다.

04) 오른쪽 손목과 앞 팔의 관계

05) 이현 시 팔의 위치와 모양

06) 활 쓰는 모양
어떻게 하는 것이 활을 똑바로 내리고 올리는 것이며 손목은 어떻게 하게 되는가를 보여줍니다.

07) 얼굴의 표정, 자세 등 자기의 형태를 쉽게 스스로 확인하고 연주할 수 있게 합니다.

모든 단계는 선생님의 위치를 아이의 키에 따라 조절하여 아이가 거울을 통하여 선생님과 자신을 비교하여 스스로 터득할 수 있게 하여야 합니다.

𝄢 06
곰탕 맛을 유도하는 레슨

  빨리 변하는 시대라 그런지 요즘 아이들은 새로운 것을 좋아하는 것 같습니다. 그러다 보니 음악에 깊이 있게 들어가지 못하고 겉핥기식으로 진행될 때가 많은 것 같습니다.
  우리가 곰탕을 먹을 때 "이거 아주 진한데" 이런 말을 많이 하지요. 곰탕 국물이 진하게 되기 위해선 많은 시간을 끓여야 합니다.
  바이올린과 첼로 레슨도 한 곡을 여러 번 반복하도록 연습을 유도하여야 하는데 아이들은 금방 싫증을 냅니다.
  아이들은 같은 것이지만 선생님들이 제시하는 방법을 바꾸면 그것을 같은 것으로 느끼지 않기 때문에 반복할 수 있습니다. 그렇게 오래 하다 보면 자기 자신의 연주가 곰탕의 맛처럼 진국이 되어 그 기쁨을 알게 되므로 자신감도 자라게 됩니다.

  곰탕 맛 유도 레슨, 한번 시도해 보세요.

𝄢 07
그룹 레슨 시 혼자서 자꾸 소리를 내는 아이

선생님이 이야기하려면 혼자서 이것저것 소리를 내는 아이가 있지요.

어떻게 대처를 해야 할까요?

야단을 친다? 과연 효과가 있을까요?

부작용이 더 클 수 있지요.

그냥 무시하고 함께 연주하면 다시 따라옵니다.

선생님이 설명하려고 하면 또 소리를 냅니다. 그러면 혼자 소리를 낼 수 있게 시킵니다. 그러면 중지를 하게 되지요.

그 아이는 그 부분이 궁금하든지 그 노래를 좋아하든지 나름대로 필요하기 때문에 그런 소리를 내는 것이라서 그 부분을 소리 내보도록 하는 것도 한 가지 방법일 수 있습니다.

습관은 깊게 배면 고치기 어려우니 처음에 그런 행동을 고쳐야 합니다.

그룹 레슨을 진행하면서도 아이들의 상태를 파악하여 음악 이외의 다른 면도 생각하면서 그룹 레슨을 진행하도록 합시다.

새로운 것을 시키면 하지 않고 울든지 주저앉든지 가만히 있는 아이나 본인이 자신 있는 것만 하고 새로운 것을 하지 않는 아이들도 있지요.

그런 아이들은 여러 가지 이유가 있습니다.

첫째, 완벽주의자인 아이

주위 사람들이 완전한 것을 요구하여 본인 성격이 그렇게 변하여 완벽한 것을 요구하게 된 경우도 있겠지요.

둘째, 새것에 대해서 겁을 먹는 아이

하나씩 일일이 가르친 경우에 새것에 대해서 도전하는 것이 겁이 나게 됩니다.

셋째, 성격이 소심한 아이

레슨하면서 이런 성격으로 형성되어 갈 때 조금이나마 도움을 주어서 꼼꼼하게 하면 좋지만 그래도 대범하게, 자신감 있게 만들어주도록 유도하면서 레슨하여야 하지 않을까요? 반대로 정확히 하지도 않으면서 새것만 좋아하는 아이도 있지요. 이럴 경우는 하나하나 꼼꼼히 연습하게 유도해야 합니다.

중요한 시기!

우리의 레슨 방법에 따라 아이들의 성격도 그렇게 형성된다는 것을 명심해야 되겠지요. 열심히 레슨하세요.

𝄢 08
그룹 레슨할 때 선생님이 질문하면

혼자서 대답하고 혼자서 다하려고 하는 아이, 적극적이고 열심히 하여 좋겠지요. 하지만 선생님이 잘 조정하여 남의 이야기도 들으며 어울릴 수 있는 성격으로 만들어주어야 합니다.

선생님들은 조정하는 방법을 생각하여야 합니다. 그 아이의 마음을 다치지 않고 같이 어울릴 수 있게. 그래야 그 아이의 적극적인 성격은 유지하면서 남들과 어울리며 남의 이야기도 듣고 생각할 수 있는 습관이 형성되기 때문입니다.

한번은 들어주고 "너는 그렇게 생각하는구나." 그럼 "다른 누구는 어떻게 생각하니?" 하며 다른 친구의 의견으로 유도하면 그 친구는 조금씩 다른 친구의 이야기를 듣게 되며, 다른 친구가 이야기할 때도 기다려 주는 마음이 생깁니다.

 잘못하여 말하는 것을 못 하게 하면 점점 위축돼서 그룹 레슨이 싫어지게 됩니다. 선생님들은 아이들의 의견을 존중하여 적극적으로 참여할 수 있는 그룹 레슨이 되도록 해야 할 것입니다.

 앞에서 이야기한 아이와는 반대로 전혀 말하지 않고 묵묵히 따라만 하는 아이, 성격이 내성적이겠지요. 또 조금은 자신감이 없겠지요. 또 악기가 재미가 없겠지요. 그룹 레슨을 통하여 이런 마음을 교정하여 주면 좋을 것 같습니다.

 그럼 어떻게 해야 할까요?

 아이들마다 성향이 다 다르기 때문에 그 아이에게 맞는 방법을 찾아야 할 것입니다.

 하나의 방법으로 한 명씩 돌아가면서 소리를 내게 하든지 질문을 하여 말을 하게 유도 합니다. 물론 모든 아이들의 잘못된 점은 절대 이야기하면 안 되겠지요.

 결과물은 아이들 스스로 생각하게 해야 합니다.

 그 아이의 장점을 공개적으로 이야기해 줍니다. 그러면 조금씩 자신감이 속에서 자라게 됩니다.

  처음엔 어렵고 시간이 걸리지만 시작만 하면 쉽게 변화를 유도할 수 있습니다.

  그 아이에게 맞는 방법이 중요하다고 생각합니다.

  우리 선생님들의 연구 과제입니다.

𝄢 09

나의 생각 아이의 생각

 우리가 아이들에게 무엇을 가르치려고 할 때 어떤 상황이 전개될까 한번 생각해 보도록 하지요.

 첫 번째, 재미있는 놀이 공부를 한다고 하면 아이와 부모인 나는 어떤 마음이 들까요? 아마도 같은 생각을 가지고 열심히 하겠지요. 하지만 계속 반복되면 아이는 그만하려고 하고 나는 계속 시키려고 하겠지요. 그때의 상황에서 어떻게 진행하여야 할까요?

 두 번째, 어떤 공부를 시키려 할 때 처음에는 신기해서 시작을 합니다. 그러나 얼마 안 지나서 금방 하기 싫어지겠지요. 그럼 나는 어떻게 해야 하나요? 아이와 나의 마음은 전혀 다른 생각으로 발전하겠지요.

아이는 '어떻게 하면 끝날까?', 나는 '어떻게 하면 계속할까?' 두 가지의 마음으로 변하여 언쟁이 일어나게 되겠지요. 모든 것이 이런 과정으로 야단을 치게 되고 아이는 아주 다른 생각으로 변하거나 나름대로 새로운 행동과 성격, 습관이 나오게 되겠지요.

그럼 이 모든 것은 어떻게 해야 할까요?

답은 나와 있습니다.

이 모든 것의 원인을 애초에 제거하며 진행하면 됩니다.

그런데 이미 지금 상태는 벌써 여러 가지로 아이들의 성향이 형성되어 있는 것이 문제가 됩니다. 그렇다 하더라도 이것을 우리가 알고 마음가짐을 바꿔서 지금 이 순간에 아이들에게 대처할 수 있다는 것이 다행입니다.

아이들의 나이가 만 9세면 이미 많은 것이 완성되어 간다고들 하지요.

지금 이 순간 늦추지 말고 우리 부모님들과 아이들이 원하는 앞으로의 삶에 밑거름이 되도록 기본을 형성할 수 있게 도와주도록 해야 합니다.

그러면 어떻게 준비해야 할까요?
첫째, 아이의 습관과 행동거지를 빨리, 정확하게 파악하기
둘째, 아이의 집중 시간을 정확하게 알기
셋째, 아이의 좋아하는 것과 싫어하는 것을 파악하기

이런 것들을 확인하고 그것에 대응하면서 좋은 방법을 이끌어 내야 할 것입니다.

예를 들어
01) 아이가 전혀 자기 관심 말고는 건성으로 하는 아이는 관심을 유도하는 것이 첫 번째의 작업입니다. 그다음 한 가지씩 발전해 가야 합니다.

02) 행동보다는 말로 하는 아이는 행동을 먼저 하고 말을 할 수 있게 유도해야겠지요.

03) 하기는 하는데 전혀 생각하지 않는 아이는 건성으로 하기 때문에 다음에는 내용을 모릅니다. 자기가 하는 것이 무엇인지 생각하게 유도해야 합니다.

04) 따라 하지만 되지 않는 아이는 생각과 행동이 일치하지 않기 때문에 신체의 기능이 따라갈 수 있게 반복 연습을 하며 기다립니다. 기본적인 기능이 습득돼야 합니다.
　모든 기능은 만 7세 이전에 습득되게 훈련해야 합니다 ― 소근육 훈련

05) 자기 고집대로 하는 아이
　선생님의 이야기는 듣지 않고 자기 마음대로 하는 아이는 처음부터 자기의 잘못된 모양을 아이 자신이 알게 유도한 다음 고치는 것을 주문하여야 합니다.

06) 처음부터 전혀 시작을 하지 않는 아이는 다른 아이의 잘 하는 것을 칭찬하면서 관심을 갖고 조금씩 참여할 수 있도록 다른 아이에게 이야기하며 호기심을 유발시킵니다. 작은 소리나 귓속말 등으로.

서로 생각이 통일되어야 가장 좋은 결과로 이끌어 낼 수 있지 않을까요?

𝄢 10
다시 생각해보는 레슨

   항상 똑같이 맞이하는 날과 그곳에서 만난 사람, 아이들은 다르지만 똑같은 곡을 레슨하게 됩니다.
   한 달, 두 달, 일 년, 이 년….
   과연 우리의 레슨은 어떻게 진행되고 있는지 생각을 해보도록 합시다.
   배우는 아이들이 바뀌기 때문에 레슨의 방법도 바뀌고 있나요?
   매번 반복된다고 항상 똑같은 기분일까요?
   새로운 기분으로 아이들을 대하고 있나요?
   우리 선생님들의 경우 계속되는 레슨을 진행하다 보면 같은 형식에 따라 진행하고 있다는 생각이 안 드세요?

문득 저 역시 그러고 있는 모습을 보게 될 때가 있군요.

말로는 항상 새롭게 한다고, 항상 새로운 마음으로 아이들을 접한다고, 같은 내용이지만 항상 새로운 각도로 제시한다고 하지요.

좋은 것도 계속 보면 싫증이 나는데….

하지만 항상 새로운 것만이 좋은 것이 아니기에, 묵묵히 계속하는 것도 가르쳐야 하기 때문에 레슨은 항상 어려운 일 같습니다.

항상 연구해야 되겠지요.

우리 레슨의 자세를 다시 생각해 보아야겠습니다.

𝄢 11
단계적 능력을 만들어주는 레슨

우리가 레슨할 때를 가만히 생각해 봅니다.

어떤 곡을 가르칠 때 여기는 이렇게 소리 내고, 여기는 어떤 주법으로 어떤 음색 등을 내라고 가르치게 되지요.

부분부분 만들어주다 보면 매번 가르쳐 주고 있는 것을 알게 됩니다. 그렇게 되면 배우는 아이도 힘들고 가르치는 선생님들도 힘들게 되지요.

그 아이에 맞는 단계에서 한 단계 한 단계 제일 기본 단계부터 제시하여 아이 본인이 이해하고 찾아가게 유도를 하면 처음에는 조금 힘들겠지만 점점 능력이 만들어져 나중에는 조금만 제시를 하면 쉽게 하게 됩니다.

어떻게 그 아이에게 맞는 과제를 제시하여 능력을 만들어 가게 유도하느냐는 선생님들의 역할이라고 생각합니다.

그렇게 하려면 그 아이의 성격, 그 아이의 연주 능력, 그 아이의 생각 등 모든 것을 파악하여 그에 맞는 것을 제시하며 레슨하면 도움이 될 것입니다.

계속적인 연구를 합시다.

𝄢 12
대화 속의 레슨

레슨하면서 아이들과 대화 속에서 진행하면 좀 더 쉽게 진행할 수 있습니다.

물론 그 대화의 내용은 레슨에 관련된 이야기이고, 또 그 아이에 맞는 내용 진행이 되어야 할 것입니다. 하지만 잘못하면 레슨에서 벗어날 수 있기 때문에 선생님이 적절한 조정을 하면서 진행해야 삼천포로 빠지지 않게 됩니다.

대화하면서 수업하면 그 부분 부분을 정확히 이해하고, 또 즉시 완성의 길로 만들어 갈 수 있습니다. 즉시 완성이 되지 않을 경우도 문제의 요점을 확실히 알아서 추후 연습을 통하여 쉽게 완성의 길로 갈 수 있게 됩니다.

중요한 건 그 내용에 그 아이가 흥미를 가져야 하며, 그 아이의 나이와 성격과 생각 범위 안에서 대화(일방적인 주입이 아닌)가 이루어져야 합니다.

한번 해 보세요. 재미있는 레슨이 될 것입니다.

𝄢 13

레슨 진행에 대해서 1

레슨의 준비 - 초보 단계

우리가 레슨을 하다 보면 말을 많이 하게 됩니다.

여기는 이렇게, 저기는 요렇게, 또는 아이가 연주하는 모습이나 연주하는 기법이나 표현하는 방법 등에 대해서 이야기하지요.

선생님이 연주를 듣다가 그것에 대해서 여러 가지를 요구하게 됩니다. 하지만 그것이 아이에게 어떤 결과를 만들어가는지를 한 번쯤 생각해 보면 좋겠습니다.

음악은 연주자의 마음이 들어간 표현입니다. 그것을 제삼자가 고쳐 나가는 것은 옳지 않다고 생각합니다.

물론 연습하는 단계이고 교정을 하는 단계지만, 그것이 습관이 되면 아이가 자기의 생각을 표현하는 방법에 영향을 미칩니다. 그래서 첫 단계의 레슨 진행 방법을 소개합니다.

첫 단계

01) 연주곡을 들으면서 박자를 치게 한다.

02) 연주곡을 노래로 따라 할 수 있게 한다.

03) 아이의 능력에 맞게 악기로 켤 수 있게 유도해준다(처음 음을 알려 준비)

04) 본인이 연주하는 음과 연주곡과의 차이를 알게 유도한다.

05) 연주곡과 차이 나는 부분에 대해 도움을 주어 원곡과 동일하게 되도록 유도한다.

모든 단계의 진행은 "틀렸어!", "아니지!", "이렇게 해" 등으로 명령조로 진행하지 않고 아이의 생각을 유도하는 쪽으로 해야 하며 아이 자신이 비교하고 생각할 수 있는 방법으로 가르쳐야 한다.

두 번째 단계

01) 연주곡의 분석

음의 양, 음의 색깔, 음의 질, 나아가서 활의 속도, 양, 위치 등을 알 수 있게 유도한다.

02) 곡의 작곡자나 시대 등을 분석한다.

03) 연주하기 위한 테크닉을 연습한다. 여러 가지 주법 (ex. 스타카토, 스피카토, 살타토, 레가도 등)

레슨은 아이 스스로 느껴서 본인이 만들어가도록 선생님은 도와주는 역할로 진행해야 합니다.

레슨 진행에 대해서 2

가정에서의 연습 진행 요점

01) 곡을 틀어 놓고 박자를 치면서 리듬을 익힌다.

02) 곡을 연습하기 전에 먼저 곡을 입으로 할 수 있을 때까지 듣는다.

03) 1, 2 단계에서는 악보를 보지 않고 연주곡을 혼자서 만들도록 유도한다.

처음에 전혀 진행이 안 될 때는 100%의 도움을 주지만 두 번째는 99% 도움을 주는 식으로 점점 줄여나가야 합니다.

"먹여 주는 것이 아니라 자기가 찾아가도록 가이드 역할만 해야 합니다."

아이가 만들어갈 때 옆에서 쉽게 나갈 수 있도록 선생님이 어떻게 돕느냐에 따라 아이의 발전 속도가 결정됩니다. 처음부터 그런 훈련을 하면 나중에 위 권수로 진행하여도 쉽게 만들어 갈 수 있습니다.

04) 본인이 연주를 잘하여도 자기가 연주하는 것을 듣지 못하면 나중에 힘들게 되므로 자기 연주를 자기가 들을 수 있도록 훈련한다.

"연주 능력과 구별 능력이 함께 커가야 나중에 힘이 들지 않게 됩니다."

부모와 선생님이 징검다리의 돌을 얼마만큼 알맞게 놓아 주느냐에 따라 결과는 달라집니다. (아이 본인의 힘에 맞게 돌의 위치를 놓아 주어야 한다.)

제일 중요한 것은 아이의 능력을 현실적으로 직시하고 그 바탕에 맞게 하나하나씩 제시하여 아이 본인이 자기의 연주 능력을 알아서 원래의 곡에 맞게 구별할 수 있도록 하는 능력 또한 중요한 비중을 차지합니다.

𝄢 15
레슨하는 방법 10가지

01) 제일 기본을 우선하기

현시점에서 제일 기본적으로 필요한 것을 우선적으로 습득하여야 합니다.

02) 계속적으로 습득할 것은 지속하기

한 번에 완성되지 않는 것은 계속적으로 연습하여 그것이 완성되도록 하여야 합니다.

03) 완전하지 않지만 허용할 수 있는 것은 다음 단계로 나아가기

올바른 연주를 하기 위한 모든 자세와 형태는 완성되지 않았지만 허용하여 다음 단계로 진행을 합니다.

04) 꼭 고쳐서 나갈 것은 지금 단계에서 완성하기
지금 단계에서 꼭 완성하고 진행해야 할 것은 지금 단계에서 완성하고 나가야 합니다. 나중엔 그것으로 인하여 수정할 수가 없게 됩니다.

05) 잘못된 것의 제일 기본이 무엇인지 찾아서 고쳐주기
무엇이 잘못될 경우 그것의 제일 원인이 되는 것이 있습니다. 그것을 찾아서 꼭 고치고 진행을 해야 합니다.

06) 아이가 생각하는 것이 선생님의 생각과 같은지 파악하기
아이와 선생님의 생각이 같아야 새롭게 진행을 할 수 있습니다.

07) 곡에 대해서 얼마나 알고 있는지 파악하기
연주하고자 하는 곡에 대해서 정확한 음원과 형식을 파악하여야 합니다.

08) 주법에 대해서 이해하고 있는지 파악하기

연주하고자 하는 주법에 대하여 정확히 알고 있어야 합니다.

09) 악기를 사랑하도록 만들기

사랑하는 것은 자주 접할 수 있기 때문에 악기를 사랑하게 합니다.

매일 깨끗하게 닦아줍니다.

10) 매일 만질 수 있는 환경 만들기

악기는 매일 접하기 어려운 것입니다. 하지만 자주 접하면 좋은 환경을 만들 수 있습니다.

이상과 같이 10가지를 생각하며 새로운 마음의 과정을 만들면 될 것입니다.

𝄢 16
레슨 시 아이의 나이로 돌아가기

모든 사람이 대화할 때도 눈높이가 맞으면 편안함을 느끼며 이야기를 나눌 수 있습니다. 키뿐만 아니라 생각의 차이도 같은 나잇대의 생각으로 대화하면 이해가 쉽게 되지요. 레슨할 때도 마찬가지로 레슨받는 아이의 나이로 돌아가서 레슨하게 되면 쉽게 받아들입니다. 그 나이의 생각으로 돌아가 용어와 행동과 모든 것을 맞춰 레슨하는 것이지요.

또 그 나이로 생각하면 아이를 이해하게 되고, 잘못된 것을 이해하고 단계 단계에 필요한 것을 쉽게 찾을 수 있게 됩니다.

예를 들어 봅니다.

7살 아이가 바이올린 레슨을 받습니다.

악기가 자꾸 내려갑니다. 선생님은 자꾸 악기를 올려줍니다. 그러나 그것은 수정이 되지 않지요. 7살짜리 아이마다 다 다르기 때문에 그 아이에게 맞게, 7살로 견딜 만큼만 요구하고 진행해야 합니다. 용어도 그 아이가 알아들을 수 있게 사용하면서.

제가 7살 때의 생각과 지금 7살 아이들의 생각은 많이 다릅니다. 모든 환경이 바뀌어 있기 때문이지요. 그래서 선생님들은 각층의 아이들과 대화를 많이 하여 지금 아이들의 생각과 모든 행동을 알아야 합니다. 그렇게 할 때 지금 아이들과 소통이 잘되고 또한 레슨을 편안하게 할 수 있습니다.

한 가지 추가하고 싶은 것은, 모든 것을 아이에게 맞춰서 진행하는 것은 옳지 않다고 생각합니다. 원칙적으로 필요한 것들은 지켜나가면서 아이들의 잘못된 것은 수정해 나가야 합니다. 수정하는 방법은 그 아이에게 맞게, 이해할 수 있게 진행하여야 하겠지요.

또 중요한 것은 선생님의 눈빛이 중요합니다. 아이들은 어른과 다르게 눈빛을 쉽게 파악합니다. 겉으론 좋은 척하면서 속으로 화가 나 있으면 아이들은 쉽게 알기 때문입니다. 진정한 선생님이라면 언행일치로 레슨하여야 합니다. 화를 멀리하고….

𝄢 17
레슨 시 아이의 집중도를 생각해 보세요

우리가 레슨을 하다 보면 여러 가지의 현상들이 많이 나오게 됩니다.

그냥 대충대충 하는 아이, 느리게 느리게 하는 아이, 빨리빨리 하는 아이, 힘없이 건성건성 하는 아이, 잡담을 청하여 화제를 다른 곳으로 끌고 가는 아이, 그냥 주저앉는 아이, 이렇듯 여러 반응이 나오게 되지요.

그런 현상들은 아이 본인이 레슨을 싫어한다는 반응이거나 신체적 능력의 문제 두 가지로 크게 나누어 볼 수 있습니다.

또 아이들의 집중 시간이 달라 그 아이에게 맞는 시간을 넘기면 여러 가지 현상이 나오게 됩니다. 선생님들은 이런 현상의 원인을 먼저 알아서 그에 대한 대처를 하면서 레슨하여야 합니다.

예를 들어 대충대충 하는 아이와 건성건성 하는 아이들은 짧게 천천히 단계를 풀어서 지도하고, 빨리빨리 하는 아이는 반대로 느리게 유도하며, 반대로 느리게 하는 아이는 더 느리게 유도하면 본인이 빨리하게 됩니다. 하지만 느린 원인이 신체적으로 따라가지 못해서일 때는 신체의 기능을 훈련하여 쫓아갈 수 있게 하여야 합니다.

주저앉는 아이는 앉아서 하는 프로그램으로 유도를 합니다. 잡담을 청하는 아이는 레슨 시간 후에 듣겠다고 하고 짧게 끝내고 들어줘야 합니다.

이렇듯 모든 현상은 그 아이의 집중 시간을 먼저 측정하여 레슨을 시작하면 쉽게 진행될 것입니다.

𝄢 18
레슨 시 연주 능력과 구별 능력의 필요

    아이들의 편안하고 순조로운 레슨 진행을 위해서 아이의 능력을 길러줄 때 어떤 것이 좋을까를 생각해 봅시다.
    대체적으로 이런 곳은 이렇게, 다른 부분은 저렇게 하라고 주문을 하게 되지요. 때에 따라서는 선생님이 시범을 보여주면서 요구를 하게 되지요. 그러면 아이들은 따라서 연주와 주법을 하게 됩니다.
    그럴 경우는 계속적으로 제시와 반복 이야기를 해야 아이들이 따라오게 됩니다. 또 쉽게 받아들이지 못하는 경우도 많아집니다.
    아이들이 그것을 이해하여야 따라 하게 되고 또 연주를 하게 되기 때문입니다. 음의 표현이든 주법의 방법이든 곡의 연주 기법이든 연주 능력도 필요하지만 구별 능력이 높아지면 모든 것을 쉽게 이해하고 표현 또한 쉬워지게 됩니다.

레슨을 진행할 때 선생님이 아닌 레슨받는 아이가 주가 되어서 여러 가지를 선택할 수 있도록 해야 합니다. 선생님은 제시만 하며 아이가 시냇물을 건널 때 징검다리를 놓아주듯 아이에게 맞는 간격으로 돌을 놓는 역할이 선생님의 역할입니다.

아이의 구별 능력이 커가도록 선생님이 제시하여 아이 스스로 선택할 수 있는 훈련을 해나갑시다.

무엇이 중요할까요?

선생님들도 아이들을 가르치면서 여러 가지를 느끼고 배웁니다.

저를 포함한 선생님들은 악기를 통하여 음악을 가르치는 것이 주된 목적입니다. 하지만 여러 해를 통하여 아이들이 성장하는 모습을 지켜보니 생각이 달라졌습니다. 그 아이들이 자라서 지금은 성인이 되고, 또 결혼도 하여 아이를 낳고 연락을 받게 되니 과연 우리의 역할이 단순한 음악 교육에만 있는 것인가 생각하게 되었고, 단순한 음악 교육이 아닌 하나의 인간 교육에 있음을 다시 깨닫게 되었습니다.

그러면 우리의 가르침이 지금 자라나는 아이들에게 어떤 비중을 차지하고 있을까요? 또 무엇을 느끼고 무엇을 배워갈까요?

어떻게 보면 아이에겐 짧은 시간일 수도 있고 긴 시간일 수도 있는 우리의 가르침의 중요함을 느끼게 됩니다.

악기를 통한 인간 교육?

더 많은 연구와 노력을 해야 시간마다 변하는 시대 흐름 속 아이들을 가르칠 수 있지 않을까요?

𝄢 19
레슨 시 전하고 싶은 마음을 쉽게 전하려면

바이올린, 첼로 레슨 시 여러 가지 주문을 하게 되지요.

선생님은 열심히 설명하고 있는데, 과연 아이들은 잘 듣고 있을까요?

아니, 잘 듣고 있지만 잘 알아듣고 있을까요?

물론 바이올린이나 첼로가 좋아서 하면 아무 문제가 없겠지만, 첫 단계에선 어쩔 수 없이(?) 배우는 아이들도 있기 마련이기 때문에 선생님이 잘 유도하여 흥미도 생기게 하고 음악을 좋아하게 하여야 하는 것이 우리의 의무입니다.

어렸을 때 좋아하는 것, 좋아하는 선생님, 좋아하는 친구들을 대할 때는 열심히 하게 되지요. 레슨 이전에 악기를 좋아하고, 또 악기를 통하여 만난 선생님과 같이 합주하는 친구들을 좋아하고 사랑할 수 있게 되면 한 번 더 만지고 한 번 더 생각하게 되며 선생님의 이야기에 귀를 기울이게 될 것입니다. 집중 속에서 무엇이든지 만들어지게 되기 때문입니다.

    마음을 전하는 사랑의 전도사처럼 사랑의 열매를 만들어야 하지 않을까요?

𝄢 20
레슨의 주체성

아이들은 레슨을 하다 보면 어떤 때는 너무나 쉽게 전달이 되지만 어떤 때는 무엇을 하고 있는지 모를 정도로 흔들리고 방황할 때가 있지요. 그러다 보면 점점 올라가지요. 혈압이.

내용과 성격과 모든 것을 알지만 실지 행동은 다른 곳으로 흐르고 있을 때가 있습니다. 또 너무나 그 아이에 대해서 잘 알지만 실지 행동은 그 아이의 성격과 능력과는 다른 방향으로 지도하고 있는 경우가 많이 있습니다.

무엇 때문일까요?

가만히 생각해보면 레슨이 선생님 위주로 흘러가고 있기 때문인 것 같습니다.

배우는 사람이 아이지만 그 아이의 능력과 환경은 생각지 않는 것이지요.

누가 배우고 있나를 생각해야 합니다.

다시 반성합니다.

𝄢 21
레슨의 즐거움

아이들을 가르치다 보면 여러 가지로 힘들 때가 있지 않나요?

아이들이 제시해준 것을 잘 따라 하면 문제가 없지만 그렇지 않을 때가 너무나 많죠. 그럼 가르치는 선생님들도 힘이 들지요. 그것이 지속되다 보면 아이들을 야단치는 단계까지 발생하게 되지요.

그런 과정을 가만히 생각하면 원인은 아이의 생각과 가르치는 선생님의 생각이 다르기 때문인 것 같아요. 아이는 모르고 있는데 선생님은 자꾸 요구하기 때문이지요.

요즈음 레슨하면서 우리의 레슨 형식을 다시 생각해봤어요.

1회 개인 1회 합주

과연 이것만이 좋은 건가?

선생님들도 생각해보세요.

아이가 준비되지 않은 상태에서 합주한다?

물론 합주를 통해서 여러 가지가 완성되어 가지만 요사이 아이들은 많이 다르다는 점을 생각해야 할 것 같아요.

만약 아이가 스스로 곡을 만들지 못하는 아이라면 먼저 혼자 만들어가며 그것으로 흥미를 유도할 수 있게 준비를 시키는 것이 먼저이지 않을까요?

다른 선생님들은 벌써 알고 있는 것인데 저는 이제야 느낍니다. 죄송….

하나씩 곡을 만들어가게 유도하다 보니 아이도 좋아하게 되는 것을 보고 저 자신도 좋아지더라고요.

즐거운 레슨, 여러 가지 방법을 생각해 봐요.

우리 선생님들 파이팅!

22

레슨 진행자의 역할

바이올린, 첼로 레슨의 진행은 배우고자 하는 아이들을 가르치는 것에서 시작하지요.

여기서 한 번쯤은 생각해봅시다.

레슨을 진행하는 방법에 따라서 레슨받는 아이의 성격과 행동이 변한다고 할 때, 레슨 방법은 자라나는 아이들에게는 매우 큰 영향력이 있습니다.

자발성이 크고 활발하게 자라야 무엇이든지 자신 있게 할 수 있다고 생각합니다

그러면 어떻게 유도할까요?

첫째, 먼저 선생님이 주입하는 형식의 레슨이 되어서는 안 됩니다.

"여기는 이렇게 하고 저기는 저렇게 연주해" 하는 식으로 해서는 안 됩니다. 아이가 연주하는 것을 들어보고 그곳에 대해서 차이가 나는 것을 본인 스스로 느끼게 유도해야 합니다.

둘째, 선생님이 주가 되어서는 안 됩니다.

선생님은 아이가 하는 것을 보고 아이가 진행할 방향을 인도해주는 방법으로 레슨을 하여야 합니다.

바이올린, 첼로의 레슨이 이렇게 진행될 때 악기를 통하여, 음악을 통하여 다른 면도 함께 형성된다고 생각합니다.

𝄢 23
못하는 것일까 안 하는 것일까?

아이들을 가르치면서 어떤 모양이나 어떤 소리나 주문을 합니다.

그럼 어떤 아이는 금방 따라 하든지 모양을 만들어 제시합니다.

그럼 아무 문제 없이 진행할 수 있습니다.

문제는 못하는 아이의 경우를 생각해봐야 합니다.

01) 몰라서 못하는 경우
02) 알면서 안 하는 경우
03) 알지만 숙달되지 않은 경우

이 상태를 우리는 빠른 판단으로 파악하여 대처해야 쉽게 레슨을 진행할 수 있습니다.

제일 먼저 모를 경우는 아이가 쉽게 접근할 수 있도록 그 아이에 맞는 진행 방법을 제시하여야 아이가 부담 없이 따라 할 수 있습니다.

만약 알면서 안 할 경우는 나름대로 아이의 상태가 어떤지를 파악하여 아이 스스로 따라 할 수 있게 유도하여야 합니다. 그것이 우리 선생님과 부모님들의 과제겠지요.

알지만 잘 진행이 안 될 때는 아이가 쉽게 접근할 수 있게 더 낮은 단계를 제시하며 기다려주어야 합니다. 아이에게 맞게 해주는 것이 스스로 재미있게 진행하는 중요한 포인트가 될 것입니다.

우리 선생님과 부모님들의 역할은
첫째, 아이의 상태를 정확하게 파악하는 것
둘째, 아이의 상태에 맞게 제시하는 것
셋째, 아이 스스로 만들어 갈 수 있게 기다려 주는 것
이것을 위하여 연구하며 진행해 보도록 합시다.

𝄢 24

무엇이 중요할까요?

아이들 레슨을 하다 보면 여러 가지의 상태가 나타나게 되지요. 그래서 당황할 때가 많이 있지 않나요?

레슨의 시간은 길지 않고 그 시간에 아이에게 무엇인가를 전달하고 싶지요. 하지만 그것은 선생님들의 생각일 뿐 아이들의 생각은 어떨까요?

아이가 원해서, 그 곡을 배우기 위해서, 그 주법을 배우기 위해서 아이가 왔을까요?

아마도 어린아이들은 부모님에 의해서 레슨실에 와 있는 경우가 더 많을 겁니다.

재미있는 레슨, 재미있는 바이올린, 재미있는 첼로!

어떻게 만들어야 할까요?

하지만 아이들이 커가는 동안 재미있는 것만 있는 것이 아니기 때문에 힘들고 재미가 없어도 해야 하는 것이 너무나 많지요. 때에 따라서 묵묵히 참고 이겨내야 하는 것을 아이들에게 가르쳐 줘야 하지 않을까요? 요즈음 시대에는 이런 자세가 더욱 필요하다고 생각합니다.

참고 연습해서 완성될 때의 기쁨을 느끼게 유도하는 레슨이 필요하다고 생각합니다.

묵묵히 참고 완성하는 기쁨!

아이들이 느끼게 해주세요.

𝄢 25
물고기를 잡아주는 레슨, 물고기 잡는 방법을 알려주는 레슨

옛말에 어르신들이 많이들 하던 말씀이지요.

"물고기를 잡아주지 말고 물고기를 잡는 방법을 알려 줘야 한다."

우리의 바이올린, 첼로의 레슨에서도 마찬가지입니다.

여러 번 강조하고 있지만 바이올린이나 첼로를 배우는 사람이 스스로 알아서 만들어 가게 유도를 해야 한다고 생각합니다.

그럼 어떻게 하여야 할까요?

하나씩 하나씩 알려줘서 그것을 만들어주는 것이 아니라 배우는 사람이 만들어갈 수 있게 선생님들은 제시를 해줘야 하지요.

예를 들어 볼까요?

우선 음정을 생각해 봅시다. 정확한 소리를 내라고, 여기는 반음을 올리라고 하는 것이 아니라 연주자가 왜 음정이 정확하지 않은지를 관찰하여 그 원인을 고쳐 갈 수 있게 하여야 합니다. 고쳐 나가는 것도 구별을 시켜서 본인이 할 수 있게 해야지요.

음정이 잘 안 되는 원인도 여러 가지가 있습니다. 신체적으로 손가락이 잘 가지 않아서, 음정 구별을 본인이 하지 못해서, 음정에 관심이 없이 대충 해서 등 여러 이유가 많을 것입니다. 그것을 유도하여 하나씩 본인이 완성하도록 도와주세요.

본인이 직접 물고기를 잡을 수 있게 선생님들은 중요한 역할을 하여야 한다고 생각합니다.

𝄢 *26*

레슨과 연습 습관

이젠 아침저녁으로 제법 날씨가 선선합니다.

레슨을 하면서 레슨의 방향이 어떻게 흐르고 있는지 생각을 해보죠.

악기의 레슨은 어떤 곡을 어떻게 연주해야 하는지 방법을 가르치고 아이가 좀 더 발전되도록 알려 주는 행위가 아닐까요? 그런데 요즘은 점점 연습을 시키고 있는 쪽으로 흐르고 있지 않나요?

여러 가지 원인이 있겠지요.

연습할 시간이 없다, 연습이 재미가 없다, 여러 가지 할 것이 많다.

　우리 선생님들이 도와줄 수 있는 것이 무엇일까요?

　한 번쯤 생각해 보도록 하지요.

　연습할 시간이 없습니다. 공부도 하고, 숙제도 해야 하지요.

　짧은 시간을 내서 악기를 만질 수 있는 습관을 들이도록 유도해주는 레슨, 흥미를 느낄 수 있게 쉽게 접할 수 있게 유도해주는 레슨이 필요합니다. 본인이 스스로 연습할 수 있게 습관을 들여주는 것이 제일 좋은 방법이겠지요.

　우리의 새로운 레슨을 만들어가야 할 것 같아요.

𝄢 27

레슨 시 교정의 시기에 대해서

바이올린과 첼로를 레슨하다 보면 어떤 부분을 교정하여야 할 때가 있습니다. 그 교정의 시기가 그 아이의 능력과 맞는다면 부담 없이 교정이 되겠지만 그렇지 않으면 오래 시간이 걸리게 됩니다.

꼭 수정하여야 할 것도 조금 기다려 주면서 교정할 수 있는 부분이 있습니다. 아이가 신체적으로 준비가 안 됐을 경우는 조금씩 연습하며 기다려 줄 수 있어야 하겠지요.

그 시기와 방법은 그 아이에게 맞게 선생님이 선택하면 쉽게 레슨이 진행되겠지요.

여러 가지로 연구합시다.

𝄢 28
레슨 시 쉽게 이끌어 가는 눈

우리가 레슨을 하면서 아주 막막하고 답답하게 막힐 때가 있지요.

꼼꼼히 알려 줘도 따라오지 못하고, 자세히 하나씩 다가가도 쫓아오지 못하고, 알 것 같은 나이인데도 못 알아듣지요. 그땐 아이들도 같은 마음이 되어 바이올린, 첼로가 싫어지게 됩니다.

원인이 무엇일까요?

첫째, 우리가 꼼꼼히 알려 줬다고 하지만 그것은 그 아이에게는 지루한 것으로 '교육의 교'만 열심히 하는 상태입니다.

'교육의 육'은 본인이 스스로 알게 되어야 길러집니다.

둘째, 하나씩 알려 줬다고 하지만, 그것은 그 아이의 밑바탕이 어디인지 모르고 건물을 올리는 형태이기 때문에 쌓이지 못하고 주저앉게 됩니다.

셋째, 알 것 같은 나이라는 기준이 선생님의 기준이고 각 아이들의 생각은 다르기 때문에 우리 선생님들이 정확한 나이를 측정하여 그 나이에 맞게 진행하여야 합니다.
즉 실지 나이보다 '무엇을 받아들일 수 있는 나이'를 측정하여 그것을 감안하여 '배움의 나이'로 정하고 진행하여야 합니다.
다른 여러 가지가 있지만, 결론은 한 가지 상태가 나오면 그 원인을 열 가지 이상으로 나누어서 전 단계를 만들어 진행하는 눈을 가지면 쉬운 레슨이 될 것입니다.

우리 선생님들!
계속 연구하여 즐겁고 쉬운 배움이 되도록 노력합시다.

𝄢 29
레슨의 형태 1

선생님들은 어떤 형태의 레슨을 하고 있나요?
새로 시작하는 아이들의 레슨을 하면서 문득 생각이 나서 몇 자 적어보려고 합니다.

나는 어떻게 레슨을 진행하고 있나요?
늘 해오던 것같이 줄을 맞추고 인사를 하고 레슨 곡을 합니다.
아이들의 입장에서 어떨까요?
처음 시작하는 아이들은 무엇을 어떻게 할지 몰라 선생님이 하자고 하는 것을 따라 하겠지요.

낯선 얼굴의 선생님,

어떻게 악기를 소지하고 어떻게 연주해야 하는 것도 모르는데, 이것은 이렇게 하고 저것은 저렇게 하고….

아이들은 어떤 생각을 할까요? 또 그것에 대한 반응은 어떻게 나올까요?

아이들의 마음에 생기는 것은 무엇일까요?

어떤 진행 방법의 레슨이든 최종의 목적은 아이의 모든 면을 음악을 통하여, 악기를 통하여 형성하여 나가는 것이 제일 중요하다는 것을 다시 머릿속에 인식하기 바랍니다.

다시 새롭게 마음가짐을 만들어 봅니다.

𝄢 30
레슨의 형태 2

레슨을 하면서 선생님은 이렇게 저렇게 전달하고 싶어서 진행을 합니다. 그런데 아이의 생각은 전혀 다르다는 것을 발견하게 되지요. 그럼 선생님들은 어떻게 대처하나요?

나 자신이 아이의 생각을 읽지 못하고 계속 진행할 때가 많지요.

레슨 시간은 제한돼 있고, 어떤 한 부분은 고쳐 줘야 합니다.

개인 레슨 때는 그런대로 할 수 있겠지만 그룹 레슨 때는 더 파악 못 하고 진행할 때가 많지요.

그럼 그 레슨은 효과가 있을까요?

아마도 별 효과도 없이 시간만 지나가게 될 것입니다.

레슨의 형태가 선생님 중심이 아닌 아이 중심이 되어서 진행되어야 합니다.

아이 중심 레슨!

연습의 시기
누구나 움직이기 싫은 시기가 있습니다.
누구나 말하기 싫은 시기가 있습니다.
이때 다가와서 말을 시키면 반응은 말할 것도 없이 역반응이 나오기 마련입니다. 가기 싫은 상태의 방향이나 환경에서는 강아지조차 가자고 끌면 엉덩이를 땅에 대고 움직이지 않으려고 합니다. 아이들은 말할 것 없이 더 민감한 상태가 많이 있습니다.
시간적, 환경적으로.
본인의 상태를 유도하여 악기를 연습하고자 하는 분위기를 만들어줘야 하는 것이 부모와 선생님들과 주위 사람의 역할이 될 것입니다.
연습 시기를 잘 택하고 만들어주도록 합시다.

𝄢 31
연주 시 표현을 위한 레슨 방법

아이들을 레슨할 때 종종 여기는 이렇게, 저기는 저렇게 선생님들이 주문하게 되지요. 하지만 잘 따라올 때는 문제가 없는데 잘 되지 않을 때가 많이 나타납니다. 여기서 잘 생각해 보면 무엇이 걸림돌이 되는지를 알게 될 것입니다.

그중 하나는 표현 방법(테크닉적인 연주 기법이 잘 안 되어서)을 모르기 때문일 것입니다. 이때는 결과적인 것을 자꾸 요구하지 말고 원인적인 것을 먼저 해결하고 그다음에 결과를 바라야 할 것입니다.

또 표현의 방법을 선생님이 제시할 것이 아니라 연주자 스스로 느껴서 나올 수 있도록 선생님은 환경과 그 상황을 제시해 주는 방법을 통해야 나중에 훌륭한 연주를 만들어갈 수 있는 밑바탕이 형성될 것입니다.

먹여주지 말고 찾아 먹을 수 있도록 환경을 만들어주세요.

𝄢 32

연주의 환경 만들기

우리 선생님들 한번 다시 생각을 해보도록 하지요.

우리가 바이올린, 첼로 레슨을 하면서 제일 강조하는 것은 연주하는 방법이지만 테크닉적인 것을 요구하게 되지요?(저만 그런가요?) 그렇게 되면 쉽게 따라오는 아이들도 있지만 그렇지 못한 아이들도 많지요.

그 원인은 무엇일까 생각해 봅시다.

여러 가지 원인이 아이들마다 있을 것입니다.

그 원인을 알면 쉽게 따라오게 될 것입니다.

하지만 그 전에 바이올린과 첼로 연주 이전에 음악이라는 것을 표현하기 위해 필요로 하는 여러 요소가 있을 것입니다.

그것을 먼저 준비해준다면 아이들이 쉽게 연주할 수 있지 않을까요?

그럼 무엇을 준비시켜야 할까요?

공통적인 것은 그 음악을 이해하도록 도와주고, 테크닉적인 기법도 할 수 있게 도와주고, 그것 이외에 음악을 들을 수 있는 청음과 시창, 또 악보를 볼 수 있는 독보력, 리듬감, 이런 것을 꾸준히 단계별로 준비시켜 주어야 쉽게 바이올린, 첼로를 연주할 수 있게 되지 않을까요?

연주를 위한 환경을 미리미리 준비시키는 레슨이 되었으면 합니다.

다 하고 있겠지만. 다시 한 번….

𝄢 33
바이올린과 첼로를 통한 성격 형성 1

우리는 바이올린과 첼로를 가르치면서 음악을 통하여 많은 것을 아이들에게 전하고 싶어 합니다. 물론 음악적인 것은 중요해서 그 자체는 빠지면 안 되고, 그 이외의 것을 어떻게 전달하여야 하는지를 나누기로 합시다.

자라나는 아이들의 성격 형성이 중요하다고 생각합니다.

바이올린과 첼로를 가르치고 배울 때의 방법에 따라 아이들의 성격 형성이 변할 수 있습니다.

예를 들어 봅니다.

집중력이 없는 아이

요즈음 아이들은 집중력이 길지 않은 아이가 많습니다. 그러면 그런 아이들은 바이올린과 첼로를 가르치면서 집중력을 길러주는 것이 선생님들의 역할이라고 생각합니다.

어떤 방법이 좋을까요?

우선 바이올린과 첼로를 배우는 그 아이의 처음 집중 상태를 먼저 파악해서 그 시간을 측정하여 조금씩 늘려 나아가야 할 것입니다. 늘려나가는 방법은 그 아이의 나이와 성격에 맞게 유도하여야 합니다.

- 유아들은 악기를 준비하는 시간까지도 레슨 시간으로 생각하기 때문에 준비 단계를 줄여야 합니다.
- 한 레슨 시간에는 한 가지만 고쳐나갈 수 있게 유도하고 여러 가지를 주문해서는 안 됩니다.
- 레슨하는 시간대에 아이의 상태가 어떤지를 꼭 알아야 합니다. 아이가 잠이 오는 시간대에 레슨을 하면 바이올린이나 첼로를 잡기만 하면 잠이 오기 때문에 집중력을 늘려나갈 수 없습니다.

이외에 많은 방법이 있겠지요. 우리가 많은 연구를 하면서 가르쳐야 하겠습니다.

𝄢 34
바이올린과 첼로를 통한 성격 형성 2

모든 것을 대충대충 하는 아이

바이올린과 첼로를 배울 때 보면 급하면서 대충 하여 끝내려고 하는 아이들이 많습니다. 그럴 경우 바이올린, 첼로뿐만 아니라 모든 일을 빨리하고 또 새로운 것을 찾는 경우가 많이 있습니다.

묵묵히 한 가지를 깊이 들어가 완성함으로써 느끼는 만족감을 모르기 때문입니다.

겉으로만 아는 것, 새로운 것에 대한 만족감만을 몸에 익혀 가고 있기 때문이지요.

이럴 경우 아이의 지루함을 없애주며 하나하나 조금씩 조금씩 깊이를 더해가면서 깊은 진국의 맛을 느낄 수 있게 유도하며 레슨을 하여야 할 것입니다.

 01) 연습 부분을 줄여서 레슨한다. (곡의 전체를 하지 않고 일부분을 연습하도록 한다.)
 02) 하나하나를 대화하면서 아이가 이해하고 이야기를 할 수 있게 유도한다.
 (이 부분은 어떻게 들리니? 어떤 느낌일까? 어떻게 연주하면 좋을까? 등으로 아이가 만들어 가게 유도)
 03) 아이가 잘 모를 때는 선생님이 연주하며 구별을 시킨다. (아이가 맞는 것을 선택하도록 유도)

 자기 연주가 잘되어 가고 선생님의 칭찬이 합쳐질 때 아이는 만족감을 느끼며 한 가지의 완성도를 알게 됩니다. 그런 훈련이 쌓이면 모든 것을 완성하는 습관이 생긴다고 생각합니다. 하지만 그 단계는 많은 시간을 기다려주어야 합니다.
 참고 묵묵히, 아이와 선생님과 부모의 기다림이 필요합니다.

𝄢 35
바이올린과 첼로를 통한 성격 형성 3

내성적인 아이(소심한 아이)

이번엔 어떤 일이든 쉽게 접하지 못하고 망설이거나 하더라도 소극적으로 하는 아이의 레슨을 생각해 봅니다.

여러 가지의 원인이 있겠지만 그 원인을 빨리 파악하는 것이 선생님들의 역할입니다.

자랄 때 주위에 있는 사람이나 사물을 많이 접해 보지 못하면 항상 조심스럽기 마련입니다. 또 모든 것을 완벽하게 요구하는 부모님들인 경우도 소심해집니다. 본인 자신이 완벽을 원할 경우도 쉽게 나서지 못하여 내성적으로 변하게 됩니다. 그 외에도 많은 원인이 있겠지요. 먼저 원인을 알고 그것에 따라 레슨을 유도하세요.

01) 많은 것을 접해보지 못한 아이는 쉬운 것부터 세부적으로 하지 않고 여러 가지를 해보면서 나중에 깊게 들어갈 수 있는 레슨으로 유도하세요.

02) 완벽을 원하는 아이는 점점 완성되는 단계가 있다는 것을 인식하도록 하고, 즐기면서 할 때에 부담이 없다는 것을 알게 하면 점점 적극적으로 변합니다.

03) 여럿이 모여 하는 합주, 그룹 레슨이 많은 도움이 됩니다.

물론 여기 적은 글들은 저의 개인적인 생각입니다. 하지만 제가 30여 년 경험한 것을 토대로 적어 보았습니다.

여러 선생님에게 도움이 되기를 바랍니다.

𝄢 36
그룹 레슨 시 나타나는 현상 1

그룹 레슨을 하다 보면 한 명이 자꾸 질문할 때가 있지요.

그런데 그 질문도 악기 연주와는 다른 질문을 할 때가 있습니다.

선생님들은 어떻게 대처하세요?

"선생님! 왜 꼭 서서 해야 돼요?"

이런 질문은 그래도 간단히 대답해주고 진행할 수 있지요.

그런데 "선생님! 우리 엄마가 이달까지 하고 바이올린 끊으래요." 하고 엉뚱한 말로 그룹 레슨을 방해하면 어떻게 진행해야 할까요?

우선 아이 입장을 생각해보죠.

아이 생각으론 대단히 심각한 문제이기 때문에 이야기하는 것인데, 선생님은 방해된다고 잘라 버리면 나중에 대화가 되지 않게 됩니다.

"그래 우리 오늘 그룹 레슨 끝나고 선생님 하고 이야기해보자." 하고 뒤로 조금 미루고 레슨이 끝나고 이야기를 하여야 합니다.

그리고 맨 처음에 다른 이야기를 꺼내면 그때 단호히 거절하여야 계속적인 잡담이 나오지 않습니다.

그룹 레슨은 개인 레슨과 다르게 여러 명의 아이가 함께 진행하므로 다른 아이들과의 분위기가 중요하기 때문에 처음 대처를 잘하여야 쉽게 진행할 수 있습니다.

𝄢 37

그룹 레슨 시 나타나는 현상 2

유아들은 옆 친구들의 행동에 동조하는 것을 그룹 레슨 시 많이 봅니다.

한 친구가 "아이구 힘들어." 하면 금방 따라서 같은 행동을 합니다.

더 나아가 말뿐만 아니라 주저앉든지 하는 행동이 나오게 되지요. 그러면 그룹 레슨 시 당황하게 됩니다.

어떻게 이 시점을 이끌어 가야 할까요? 일단은 재빨리 무시하고 다른 행동을 할 수 있는 환경으로 유도해야 합니다.

서서 하던 것은 다 앉아서 하는 행동으로 바꾸고,

어떤 노래를 하던 중이면 다른 연주로 유도를 합니다.

악기를 내려놓고 활만 가지고 할 수 있는 것으로 유도하든지 하여 옆의 친구 행동에 같이 휩쓸려 가지 않도록 하여야 그룹 레슨을 편히 이끌어갈 수 있을 것입니다.

그룹 레슨은 악기의 연주가 주가 되겠지만, 또한 그룹 레슨을 통해 유아들의 협동심과 인내력을 기르는 공부도 같이 이루어지기 때문에 중요합니다.

𝄢 38

긍정의 눈

　바이올린과 첼로 레슨을 하면서 선생님이 보는 관점의 차이를 생각해보도록 하지요.

　어떻게 보느냐에 따라 선생님들과 아이들의 마음가짐과 진행 상태에 차이가 나게 됩니다.

　어떤 연주를 했을 때 그것을 긍정적으로 생각하는 마음을 만들어 보세요.

　우리가 다 아는 '물컵의 물 이야기'가 있습니다.

　어떤 사람은 "아이고 물이 반밖에 안 남았네."

　다른 사람은 "아직 물이 반씩이나 남았네." 합니다.

　어떤 것이 마음이 편할까요?

마찬가지로 "어린 나이에 이렇게 연주를 잘하네.", "배운지 얼마 안 됐는데도 이렇게 잘하네." 하고 긍정적인 말을 해보세요. 조그만 생각의 차이로 편안한 레슨이 되겠지요.

𝄢 40

바이올린과 첼로를 바라보는 마음

  아이들과 어른들은 처음 바이올린이나 첼로를 볼 때나 친구가 연주하는 모습을 볼 때, 다른 사람이 연주하는 모습을 볼 때 멋있어 보이고 하고 싶은 마음이 들게 되지요. 하지만 보편적으로 바이올린이나 첼로는 어렵다고들 이야기를 합니다. 그래서 쉽게 시작하지 못하는 것 같습니다.

  가만히 생각해봅시다.

  새로운 것을 한다는 것은 쉬운 것이 하나도 없습니다.

  새롭게 시작하는 사람이 우선 어렵다는 생각을 접고 재미있고 쉽게 진행할 수 있게 하는 것은 우리 선생님들의 과제입니다.

어렵다고 생각하게 되는 것은 본인의 능력을 벗어날 때 나타나기 때문에 그 사람의 능력에 맞게 진행을 하면 쉽게 진행이 될 것입니다.

또 자주 접하게 되면 재미를 느끼게 됩니다.

매일 만나면 그 사람도 좋아지는 것같이 바이올린과 첼로 악기를 접하고, 즐기고, 느끼고, 사랑하여 악기가 본인들의 분신이 되게 하세요.

바이올린과 첼로 레슨의 노하우

어떻게 레슨을 하면 바이올린과 첼로를 아이들이 쉽게 배울 수 있을까?

글쎄요? 참 어려운 이야기겠지요.

선생님들에게 쉬운 레슨?

아이들에게 쉬운 레슨?

양쪽 다 쉬운 레슨?

여러 가지로 생각을 해보세요.

아이들이 잘 따라오면 아이도 쉽고 선생님도 쉽겠지만….

여기서 한 가지 제시해볼게요.

알맞은 단계를 만드는 것입니다.

그 아이에게 맞는 단계!

한 가지를 가르치고 배울 때 그 단계에 가기 위해서 갖가지 단계가 있겠지요. 하지만 그 단계가 안 될 때 전 단계를 유도하는 것이 중요합니다.

전 단계 훈련을 한 가지로 해서 안 되면 세부적으로 그 아이에게 맞는 단계를 열 단계로 나누어서 해야 부담 없이 진행이 됩니다.

3살짜리 아이는 3살짜리에 맞는 단계, 10살짜리 아이는 10살짜리에 맞는 단계를 파악해서 제시해 주어야 아이와 선생님 양쪽이 편안한 바이올린과 첼로의 레슨이 이루어지겠지요.

𝄢 41
새로운 것을 좋아하는 아이의 레슨

 누구나 새것은 좋아하지요. 새것을 좋아하는 것이 나쁘다는 것이 아니라 새것을 좋아하다 보면 깊이 있게 그것을 알 수 없어 그 속에 숨은 진실을 접할 수 없습니다.

 특히 음악에서는 한 곡 한 곡이 가지고 있는 내용을 깊이 알아 작곡자의 뜻을 이해하고 그것에 자기의 마음을 담아 악기로 표현하여야 하는데, 새것만 좋아하는 아이는 자꾸 새 곡만 접하려 하기 때문에 그 곡을 완전히 이해하기 어렵습니다.

 이런 성격을 가진 아이에게는 회전 레슨을 하면 도움이 됩니다.

 회전 레슨이란, 회전목마처럼 A 곡을 배우면 아이는 또 다른 B 곡을 하기 원하겠죠. 그럼 B를 가르치면서 그 사이에 A 곡에 필요한 톤이든지 표현 방법이든지 아이가 부족한 것을 조금씩 만들어 가면 지루함 없이 새것을 하는 것 같은 착각을 하며 부담 없이 진행할 수 있습니다. 그러다 A 곡을 훌륭하게 연주하게 되면 그때에 칭찬하여 주면 성취감을 느낄 수 있게 되며 무엇이든지 꾸준히 완성해 나가는 성격으로 변화될 수 있습니다.

그럼 다음 곡 C 곡을 하면서 A, B 곡을 하면 회전 레슨, 아니 론도 형식의 레슨이 되겠네요.

𝄢 42
새로운 레슨 시작 시 중요한 선택은

아이들이 악기를 배우기 시작할 때 무엇을 중요하게 생각할지를 보도록 하지요.

대개 처음 시작은 쉽게 적응하는 것을 택하게 되겠지요. 그것도 중요하지만 먼저 생각하여야 할 것은 앞으로의 진행과 아이의 발전을 유도할 수 있는 레슨으로 시작하여야 나중에 아이의 발전이 쉽고 편안하게 진행이 될 것입니다.

그럼 어떻게, 무엇을 먼저 생각하여야 할까요?

첫째, 아이의 상태와 능력을 정확하게 파악하는 것이 중요합니다. 아이가 얼마만큼을 받아들일 준비가 되어 있는가를 확인하여야 하겠지요.

둘째, 자연스러운 진행을 위해 무엇부터 준비를 시켜야 할지를 알아야 합니다. 신체적인 것과 생각하는 능력의 상태를 정확히 판단하여 그것에 맞는 단계부터 진행하여야 할 것입니다.

셋째, 강제적인 진행이 아니라 아이에게 맞는 계속적인 진행을 유도하여야 할 것입니다. 아이들은 누구나 자기가 좋아하는 것 말고는 하려 하지 않기 때문에 연습하는 습관을 유도하는 것이 중요합니다.

다른 것도 있겠지만 이런 것을 기본적으로 생각하며 시작하는 레슨이 되어야 편안하고, 쉽고, 나중에 빠른 진행의 발전으로 유도될 수 있습니다.

𝄢 43
새로운 것에 대한 두려움이 있는 아이의 레슨

새로운 것에 대한 두려움이 있는 아이들은 어떻게 레슨을 하면 좋을까요?

우선 새로운 것을 두려워하는 아이들은 새로운 것을 접할 때 무엇인가 부담이 된 경험이 있기 마련입니다. 새것을 접할 때 너무 힘들었든지 야단을 맞았든지 하여 크든 작든 그 아이에게 영향을 미친 것이 있기 때문입니다. 그 원인을 알아서 조금씩 천천히 해결하여 주어야 새것에 대한 희망과 만족을 이끌어낼 수 있습니다.

선생님은 그 원인을 빨리 정확하게 파악하여 아이와 부모와의 상담으로 그에 맞는 바이올린 첼로 레슨을 유도하셔야 합니다.

예를 들어 아이가 새로운 것을 배울 때 빨리하지 못한다고 야단을 맞은 경험이 있을 경우 아이는 자기도 모르게 새것을 피하게 되지요. 또 새로운 것을 접할 때 주위의 분위기가 자기의 생각과 다를 경우도 마찬가지로 느끼게 됩니다.

이럴 경우는 아이가 새로운 것을 연주할 때 연주 그 자체에 대해서 지적을 하지 말고 조금은 잘못하더라도 넘어가고 나중에 그것에 대해 아이와 의견을 나눠서 이것과 저것의 차이와 원 연주와 틀린 연주를 알려주어 아이 스스로 구별할 수 있게 유도하는 레슨으로 진행하여야 점차 새로운 것에 대한 두려움이 줄어들게 됩니다.

칭찬이라는 말이 많은 부분을 차지합니다. 칭찬의 중요성을 생각해봅시다

𝄢 44
세 살 버릇 여든까지 간다

아이들의 생각은 발전해 가는데 어른들의 생각은 제자리걸음을 합니다.

우리 옛말에 세 살 버릇이 여든까진 간다는 말이 있듯이 아이들이 알게 모르게 몸에 익힌 것은 추후 고치기가 매우 어렵다는 것은 누구나 알고 있지요.
그런데 자기 아이가 어떤 습관을 가지고 있는지 생각해보지도 않았고, 아예 모르고 있는 것은 아닌가요?
이것은 단순한 무엇을 하기 위한 상태가 아니라 앞으로 아이가 자라서 자기의 인생을 살기 위한 모든 것의 기준이 된다고 생각합니다.

좀 더 세부적인 생각을 나눠 보기로 하지요.

아이는 처음에 무엇을 할 때 힘이 들든지 하기 싫든지 하면 그것에 대해서 반응을 하게 되지요. 한 번 "힘들어" 하고 말하면 부모들은 "그래?" 하고 안 시키죠. 그렇게 하면 아이들은 다른 곳에서도 그러한 태도를 보이게 됩니다. 그러면 부모들은 다음에는 그러한 태도를 인정하지 않게 되겠지요. 그럼 아이들은 그것에서 끝나는 것이 아니라 한 단계 위의 조건을 제시하게 될 것입니다. 이런 식으로 그 조건은 우리가 상상할 수 없는 쪽으로 흘러 그 습관은 모든 것을 할 때 나오게 됩니다.

레슨을 하다 보면 먼저 여러 가지 질문을 시작하지요.

"선생님 왜 머리가 흰색이지요?"

무심코 "나이가 들면 하얗게 돼." 하고 대답합니다.

그럼 또 질문이 나옵니다

"우리 할아버지는 검정색인데요."

아이의 의견에 말려 들어간 것이지요.

레슨의 시간은 정해져 있다는 것을 알기 때문에 다른 말로 끌고 가는 것이지요. 이런 것보다도 중요한 것은 무엇을 하는 데 집중을 하지 않고 다른 것을 생각한다는 것이 문제입니다.

아이가 가만히 있지 않고 왔다갔다 한다. 과연 무엇 때문일까요?

여러 가지 이유가 있겠지만 중요한 것은 나중에 아이가 점점 커가면서 어떤 상태로 변해갈 것인가가 중요합니다. 이런 면을 생각할 때 우리는 그것을 그냥 방치하고 지나가면 안 됩니다. 그 원인을 파악하여 어려서부터 고쳐나가야 진정 아이의 교육을 하는 것입니다.

이 문제는 선생님만의 노력으론 너무나 힘들고 부모님의 도움이 절실히 필요합니다. 우선 우리 아이의 지금 상태를 빨리 정확하게 파악하는 것이 제일 중요합니다.

아이의 행동과 생각을 객관적인 방향에서 파악해보세요.
아이가 좋아하는 것은 무엇이고,
싫어하는 것은 무엇이고,
아이가 무엇을 할 때는 오래 하고,
무엇을 할 때는 금방 싫증을 느끼고,
아이의 순발력은 어떠한가? 아이의 움직임이 빠른가 느린가?

이 모든 것을 알고 그것에 대응하는 방법으로 교육하면 좀 더 쉬운 접근이 되지 않을까요?

모든 건축물은 기본 바탕이 튼튼하고 안정되어 있어야 훌륭한 건물이 완성되는 것과 같은 이치입니다.

바탕부터 단단하게!

세 살 버릇을 든든하게!

서로가 소통합시다!

수업 시간에 나타나는 현상에 대하여

01) 수업 도중에 다른 잡담을 청한다.

아이가 "우리 집에 강아지 있다."라고 하면 교사는 "참 좋겠다. 수업 끝내고 선생님께 이야기해줘." 하고 말이 연장되지 않게 하여야 합니다.

말을 받아주면 짧은 수업 시간에 다른 이야기에 집중되어 수업 진행이 되지 않습니다.

수업 시간이 끝난 후에는 꼭 아이에게 이야기를 들어서 아이의 욕구를 채워줘야 합니다. 만약 그냥 지나가면 다시는 선생님과 대화가 되지 않고 레슨도 흥미가 없어집니다. 교사는 아이에게 다정하고 동정적이지만 긍정적으로 엄하게 대합니다.

02) 레슨을 받기 싫어서 수업을 끝내도록 유도한다.

연주를 하다가 "앗! 빨강 불이라 차가 못 가네"라고 하면 이 때 교사는 현명하게 "그렇구나, 빨강 불이라 못 가지" 하며 잠시 정지를 시킨 후 "이젠 파랑 불로 되었네"로 이끌어 갈 수 있어야 합니다. 그렇지 않으면 아이에게 끌려다닐 수밖에 없어 레슨을 지속하기 어렵습니다.

03) 고의적으로 틀리거나 무기력하고 어리석게 연주한다.

처음에 그런 행동이 나오면 그 순간 엄한 눈길을 보내어 아이가 다시는 그런 행동이 나오지 않도록 합니다. 또한 다른 부분의 레슨이나 좋아하는 곡으로 환기를 시킵니다.

04) 레슨을 하다가 앉아버린다.

처음 행동 시 거절하면서 레슨의 종류를 앉는 것으로 바꿔서 유도합니다.

05) 화장실행

미리 용무를 보도록 하고 레슨 시간을 단축합니다.
레슨에 부담을 갖고 있기 때문에 도피처가 화장실이 됩니다.

06) 몸이 가려워진다

먼저 굵게 하고 시작하며, 시간을 단축하고 교육 내용을 바꿉니다.

𝄢 46
아이 마음 내 마음

우리가 유아들을 레슨하면서 종종 접하는 것이 있지요.

선생님은 이런 뜻으로 이야기하고 이끌려고 하는데 유아들은 엉뚱한 대답과 행동이 나오게 되지요.

생각하는 관점과 시간과 환경의 차이에서 나오는 현상입니다.

너무나도 당황하게 되지요.

유아의 현재의 상태, 생각, 환경을 따라 선생님들의 모든 것을 맞춰서 해보세요.

그럼 이해되고 쉽게 레슨의 진행이 이루어지게 될 것입니다.

아이 마음과 내 마음이 똑같게!

𝄢 47

연주가 안 돼서 짜증을 내는 아이

이번엔 조금 큰 아이들에게서 나타나는 현상을 한번 생각해 보도록 하지요.

연습하면서 잘 안 되면 여러 번 반복하게 되지요. 하지만 계속해도 안 되면 스스로 짜증을 내면서 화를 내는 경우도 간혹 있지요.

왜 그런 현상이 나올까요? 물론 성격상 완벽을 원하기 때문이겠지요. 이런 경우 선생님은 어떻게 도와줘야 할까요?

음악을 하면서 완벽하게 하는 것은 계속 길러줘야겠지요. 하지만 계속 그런 성격으로 자랐을 경우 성인이 되어서 본인 생활과 사회생활에서는 어떨까요?

선생님마다 다 다른 생각이 있겠지요.

저는 이런 경우 연주 능력도 중요하지만 먼저 아이의 성격이 원만하게 될 수 있게 도와주고 싶군요. 때에 따라 조금은 빈 곳이 있게, 또 정확성이 필요할 땐 정확하게 조절하는 능력을 기르게 도와주면 시간이 조금 많이 걸리겠지만 나중에 생활하는 데 편안해질 것이라고 생각합니다.

선생님이 부분부분 지적하지 말고 조금 느리게 연결해서 같이 쳐주며 넘어가고, 끝나고 나서 부분 연습하는 식으로 진행하면 도움이 될 것입니다.

아이에게 맞는 레슨이 되도록 노력합시다.

𝄢 48
아이들이 변해가고 있어요

    요즈음 악기를 처음 배우는 아이들을 레슨하다 느끼는 것은 아이들이 변하고 있다는 것입니다. 물론 시대적으로 변하는 것은 사실이지만 너무나 많이 변하고 있습니다. 그렇다면 선생님인 나도 같이 변하여야 하지 않을까요?

    아이들을 이해하고 아이들과 대화하며 가르치려면?

    많은 고민과 노력이 필요할 것 같습니다.

    물론 그냥 악기만 가르친다면 지금까지 하던 방법으로 가르치면 되겠지만, 우리의 방법은 악기와 음악을 떠나서 하나의 인격체를 형성하기 위해서 도움이 되는 음악 교육의 방법을 유지하기 위한 것이니 많은 고민을 해야 할 것 같습니다.

전체가 그런 것은 아니지만 아이들과 접하면서 느낀 것은

01) 집중 시간이 너무나 짧습니다.

02) 무슨 환경에서도 자기 생각대로 합니다.

03) 부모를 너무 의지합니다.

04) 쉽게 포기합니다.

05) 자기의 고집은 꺾을 줄 모릅니다.

이렇게 변하는 것에 맞추어 레슨의 방법도 바꾸어 대처해야 할 것 같습니다.

𝄢 49
아이의 마음을 읽을 수 있을까?

요사이 어린 아이들을 접하면서 다시금 고민하게 됩니다.

과연

얼마나

어디까지

아이들의 마음을 알고 있나?

시대의 흐름이 환경과 여러 가지 이유로 변해가고 있다는 것은 알지만, 아이들의 모든 행위가 어떻게 해서 나오는지는 개별적으로 다르기 때문에 빠르게 파악할 수 없는 것 같습니다.

일주일의 짧은 레슨 시간 속에서 나만의 생각으로 레슨을 진행하다 보니 그 결과는 별로 진전이 없이 지나가고 있는 것 같습니다.

아이와 대화를 하고, 부모님과 대화를 하고, 아이의 행동을 보고 아이의 능력을 생각하고, 각 단계를 더 세부적으로 나누어 쉬지 않고 서두르지 않고 기다리며 아이의 마음을 읽을 수 있도록 노력해야 할 것 같습니다.

선생님의 노력이 필요합니다!

아이의 마음을 올바르게 읽어야 올바른 레슨이 될 것입니다.

𝄢 50
연속극, 연재만화 같은 레슨

바이올린과 첼로 레슨을 하다 보면 아이들이 지루해할 때가 있습니다.

그 원인은 여러 가지이겠지만, 본인이 연습이 잘 안 되어서 일 수도 있고, 곡이 너무 어려워서일 수도 있습니다. 레슨 끝나고 자기가 좋아하는 다른 것을 하고 싶어서일 수도 있습니다.

아무튼 많은 이유로 바이올린, 첼로를 빨리해버리려고 합니다.

그런데 한번 생각을 해봅시다.

아이들이 만화 영화를 보든지 할 때, 한참 재미있을 때 한

편이 끝나게 되면 빨리 다음 편을 보려고 하기 마련입니다.

우리가 레슨을 할 때 끝까지 완성을 요구하다 보면 진이 다 빠집니다. 여러 단계로 선생님이 잘 구성하여 아이들이 잘 진행되고 있을 때 레슨을 끝내줍니다. 아이뿐만 아니라 모든 사람이 아쉬움이 남아있어야 다음을 기대하기 마련입니다.

연속극처럼 연재만화처럼, 다음 편을 기대할 수 있게 끝내주는 선생님의 재량이 필요합니다.

우리는 잘하면 잘해서, 못하면 못해서 한 번 더 하는 것을 생각해 봐야 할 것입니다. 아이들이 제일 싫어하는 말이 한 번 더입니다.

𝄢 51
연습을 너무 열심히 하지 마세요

처음 악기를 배우다 보면 열심히 흥미를 가지고 하게 되지요.

활 잡는 것도 열심히 하고, 왼손 누르는 것도 손가락이 아프도록 누르게 되지요.

그런데 어떻게 된 것인지 결과는 엉뚱하게 이상해져 있는 경우가 있지요.

본인은 열심히 했는데 결과가 틀리게 나타나면 당황하게 됩니다.

모든 동작이나 자세나 소리나 어느 한 곳에 매달리다 보면 다른 부분이 조금씩 바뀌게 됩니다. 너무 열심히 연습해서지요(?).

조금씩만 할걸….

아닙니다.

걱정하지 마세요.

실망하지 마세요.

아직 처음 배울 때는 모든 것이 몸에 배어 있지 않기 때문에 변형되기 마련입니다.

예를 들면 아이가 조금씩 커가면 악기를 큰 것으로 바꾸게 되지요.

그러면 좋은 자세였던 것이 이상해지기 마련입니다.

하나씩 하나씩, 한 단계 한 단계 완성해 나가면 좋은 결과가 나오게 됩니다.

너무 욕심부리지 말고 서서히 연습하세요.

𝄢 52
연습을 싫어하는 아이

연습이 싫어지는 이유가 여러 가지 있겠지만 몇 가지 생각해 봅니다.

01) 칭찬으로 유도
진정으로 칭찬하면서 본인 자신이 느낄 수 있도록 잘한 부분을 찾아준다.

02) 레슨 때마다 새로운 마음으로, 진정성 있게 이야기할 것
어머니가, 아이가 연습하지 않는 자체를 마음에 담고 있으면 그것이 아이의 마음에 압박을 주어 아이는 점점 연습하지

않게 됩니다. 그런 마음을 풀어버리고 아이를 믿고 진정으로 밝은 마음으로 대하는 노력이 필요합니다.

03) 친구와 그룹으로

같은 수준이든지 친한 친구든지 마음이 맞는 아이들끼리 그룹을 만듭니다. 돌아가면서 일일 위탁 교육처럼 레슨하면서 칭찬을 하며 같이 놀게 합니다.

04) 어머니가 먼저 악기를 한다.

어머니가 먼저 바이올린을 켜면서 아이의 우월함을 인정합니다. 교실에서 하는 레슨의 요점은 아이보다 어머니가 이해가 빠르므로 쉽게 도와줄 수 있습니다.

05) 연습은 자신의 일(임무)

아이에게 부모도 각자의 일을 가지고 열심히 한다는 것을 이해시킵니다.

06) 주위 사람들을 즐겁게 해준다.

부모나 또 주위 사람들에게 악기를 연주하여 즐거움과 기쁨을 주며 밝은 마음을 줍니다.

07) 인격적으로 어른 대접을 한다.
아이들을 존중하며 아이의 의사를 받아들이며 스스로 하는 어른스러움을 인정하고 믿어줍니다.

08) '또 다시'라는 말을 줄인다.
아이가 그만하자는 말을 하기 전에 끝냅니다.

09) 전주가 길면 본론이 별로 없다.
한 번 연습을 시작하기 위해 준비하는 시간을 짧게 합니다.
그러기 위해서는 금방 연습에 들어갈 수 있도록 악기를 내려놓고 연습하기 위해 구슬리는 시간을 없애야 합니다.

𝄢 53

우리는 사람인데

레슨하면서 착각하여 실수한 것에 대해 몇 가지 이야기해 봅니다.

생각이라는 것은 하면 할수록 어느 한 곳으로 빠져들게 되는 것 같습니다.

첫 번째, 초보 아이들을 가르치면서 아이들의 반응이 잘 나오면 자꾸자꾸 급하게 속도를 내는 것 같습니다. 아이들이 잘 따라오니까 조금 더 더 더 하는 것입니다. 아이들의 상태는 이미 최고조의 상태라는 것을 모르고 말입니다. 결과는 말씀 안 드려도 알겠지요?

두 번째, 우리는 사람인지라 배운 것이라고 무조건 되는 것이 아니라는 것을 망각하고 가르치고 있습니다. 컴퓨터처럼 한 번 입력하면 언제나 되는 것이 아니라는 것을 잊어버립니다. 숙달되기 위해서 시간이 필요하다는 것을 깜박합니다.

세 번째, 배우는 아이들의 마음 상태는 생각지 않고 무조건 진행합니다.
잘 되던 것도 본인이 싫어지면 생각을 안 하게 되고, 흥미를 잃게 된다는 것을 망각합니다.

이런 상태일 때 그냥 욕심으로 진행하면 잘하던 아이들도 무기력하게 된다는 것을 뒤늦게 깨달았습니다.

물론 레슨하는 방식이 매번 똑같지 않습니다. 이번에 이렇게 진행하면 다음에는 다른 방법을 찾는 것이 몸에 익어 있지요.

새로운 마음으로 컴퓨터가 아닌 순수한 사람인 아이들을 생각하며 출발해 봅시다.

𝄢: 54

우리의 판단

아이들을 레슨하다 보면 우리가 생각하는 것과 아이들의 생각이 다른 경우가 많이 발생합니다. 또 아이들마다 받아들이는 과정이 다른 것도 많이 접하게 됩니다.

오늘은 두 번째 받아들이는 과정을 생각해 볼까요?

어떤 아이는 하나씩 하나씩 점차적으로 받아들이고, 어떤 아이는 전체적으로 한 번에 받아들여 숙달하여 나가는 아이가 있습니다.

또 쉽게 받아들이지만 쉽게 잊는 아이가 있고, 반대로 많은 시간이 지나야 받아들이지만 오래 기억하고 있는 아이가 있습니다.

  아이마다 다 다른 모양으로 이루어나가기 때문에 우리 선생님들은 그것에 맞게 아이들에게 레슨의 진행을 유도하여야 할 것 같습니다.

  그러려면 먼저 아이들마다 다른 방법을 우리 선생님들이 파악하여야 합니다.

  우리의 노력이 아이들이 좀 더 쉽게 배워갈 수 있는 발판이 되지 않을까요?

𝄢 55
이런 레슨은 어떨까요?

무심코 레슨을 하면서 아이에게 주문을 했습니다.

1/10 악기를 쓰다가 1/8로 악기를 바꾸고 나서부터 활 잡은 손가락인 집게손가락이 자꾸 펴지고 있어서 집게손가락에 고무줄로 묶어서 해보자고 했습니다.

물론 실제로 하는 것이 아니라 상상 속에서 하는 것입니다. 그리고 곡을 연주시켰습니다.

처음에는 잘 되어 진행을 했지요. 그런데 조금 지나고 나니 다시 집게손가락이 펴졌습니다.

그래서 "고무줄이 끊어졌구나. 다시 새 고무줄로 묶어줄게." 하고 다시 연주를 시켜 보니 이젠 제법 손가락이 유지되고 있었습니다.

　모든 것이 아이 자신이 생각하면 쉽게 교정이 되는 것 같습니다.

　상상 속 레슨 주체가 아이 자신이니까요.

잘못하는 것을 잘하기

보통 레슨을 하다 보면 아이들의 자세나 습관을 교정하고 싶어지지요. 그래서 "여기는 이렇게 치고, 저기는 이렇게 치세요." 하며 바른 연주법을 제시합니다. 그러면 쉽게 따라 하는 아이도 있지만 그렇지 않은 아이도 많습니다.

생각만큼 쉽게 따라오지 않을 경우 선생님은 마음이 급해져서 소리가 점점 커지는 경우가 있습니다.

과연 그것의 결과는 어떻게 될까요? 한번 생각해 보세요.

아이의 연주 형태, 잘못하고 있는 부분을 선생님이 똑같이 한번 해보세요. 본인의 연주 형태를 본인은 잘 모르지만 남이 하는 것을 보면 쉽게 교정해 나갈 수 있습니다.

그래서 선생님들은 잘못하는 모습이나 잘못하는 연주 소리 등을 잘 재현할 수 있으면 레슨에 도움이 됩니다. 이것은 레슨 하면서 아이들에게 선생님이 배우는 격이 되지요. 그러면 짜증도 나지 않지요. 레슨을 배우는 사람은 짜증이 안 나고 즐겁지요.

단 우리가 아이들에게 우선 하여야 하는 일은 연주 능력을 길러주는 것만이 전부가 아니라 구별 능력을 같이 키워 나가는 것이 중요하다는 것입니다.

구별 능력이라는 것은 선생님이 만들어 줄 수 없습니다.

그러면 어떻게 해야 할까요?

초기 단계부터 아이 스스로 구별하는 눈과 귀, 생각을 동원하여 사용하는 방법을 도와주어야 점점 어려운 단계를 쉽게 이겨낼 수 있게 됩니다.

레슨할 때의 선생님의 나이는 레슨을 받는 아이의 나이가 되어야 하지요.

왜냐구요? 그래야 아이를 이해할 수 있기 때문입니다.

𝄢 57
제일 좋은 레슨 진행

무엇이 레슨 진행에서 제일 편하고
어떤 진행이 쉽고
어떻게 가르치는 것이
아이들도 잘 받아들일까요?

이런 방법 저런 방법 아이들마다 다르게
진행하더라도 최종의 결과는 아이들 자신에게
어떻게 전달되었는가에 따라 그 결실은 완전히
다르게 나타나는 것 같습니다.
그렇지만 더 중요한 것은 그 결실이 나오려면

쉬지 않고 계속하는 것이 최종적으로 결정짓는 키포인트인 것 같습니다.

아무리 처음에 잘 진행되더라도 밑바탕이 형성되기 전이면 어린아이들일수록 쉽게 무너집니다. 여러 방법보다도 제일 중요한 것은 계속이라는 단어가 모든 것을 결정한다는 것을 인식하여 우리 다시 노력하며 진행해보도록 합시다.

𝄢 58

지도자의 자질 (인격적인)

아이들을 지도하는 지도자로서의 자격을 만들어 볼까요?

01) 어린이를 사랑해야 한다 - 편애 없이 고르게

02) 음악을 사랑해야 한다 - 직업의식에 의한 것이 아니라 순수하게

03) 말과 행동이 일치하여야 한다.
 - 레슨할 때와 다른 일과의 연관성
 - 질서 의식: 정리정돈, 말하기, 예절 등

04) 모든 것에 열의를 보인다.

05) 인간적인 온정을 가진다 - 어린이들은 우리들의 감정 변화에 민감하다.

06) 자기 훈련(자제력)을 한다 – 우리의 생활이나 레슨 시간에 기분 나쁜 일들이 예기치 않은 가운데 발생한다. 그것을 조절할 수 있어야 한다.

07) 각양의 인격들에 민감해야 한다 – 어린이나 부모들의 여러 가지 성격이나 행동에 성격을 조정할 수 있어야 한다.

08) 칭찬하는 수완이 있어야 한다 – 부모 포함. 입에 발린 말이 아니라 진짜로 느낄 수 있도록 칭찬한다.

09) 조직 능력이 필요하다 – 어머니회, 행사 계획, 시간표 짜기, 그룹 레슨

10) 개인 연습 습관을 가진다.

　– 가능한 한 매일 학생처럼 테이프를 듣기

　– 곡을 연습하기(암보, 곡 분석)

　– 다른 교사를 관찰하기

　– 많은 워크숍에 적극 참가하기

𝄢 59
아이가 태어나면 무엇부터 가르쳐야 할까요?

지금 사회에서나 가정에서 태어난 아이들에게 부모님들은 무엇부터 가르칠까요?

하나의 생명체가 살아가기에 필요한 것부터 가르치게 되겠지요

우선 살아가기 위해 제일 필요한 움직이는 것, 말하는 것, 나아가서 생각하면서 자기의 소신을 가지고 행동하는 것.

이런 것은 한두 번 해서 되는 것이 아니라 꾸준한 훈련과 반복 연습에 의해서 자기 몸에 습득됩니다. 이런 과정에서 어떻게 진행하느냐에 따라 각자의 모습으로 형성됩니다.

어떤 것은 얼마 안 되는 습득으로 빨리 적응되고 어떤 것은 수없이 반복해도 안 되는 것이 있기 마련이지요.

그것은 아이가 태어나기 전 모태에서 습득된 것에 따라 차이가 난다고 생각합니다. 그러니 지금은 현 상태에서 어떻게 도와줄 수 없고 지금 상태에서 빠른 대응을 하는 것이 제일 중요한 해결 방법인 것 같습니다. 그러기 위해서는 그 아이가 현재 시점에서 되어있는 상태를 파악해야 합니다.

그것이 앞으로의 아이 발전을 도와주는 최선의 방법입니다.

그럼 우리는 무엇을 어떻게 도와주어야 할까요?

이미 최소 5, 6년이 지난 상태라 그동안 습득된 습관, 행동, 마음가짐까지 고착화되어 있을 수 있습니다. 그것에는 무엇을 배우기 좋은 것도 있고 반대로 힘든 것도 많을 것이고, 거부 반응이 생기는 것도 있을 것입니다. 새로운 것을 받아들이기 힘든 상태가 제일 도와주기 어렵겠지요.

원인을 생각하고 그것에 따른 제일 밑부터 한가지씩 접근해야 쉽고 편안하게 이루어질 것입니다.

아이의 상태, 제일 기본부터 도와주는 것이 해답이 될 것입니다.

즉 어떤 것을 하기 위해서 제일 먼저 습득해야 하는 것, 그것들을 위해서 부모가 있고 선생님들이 존재하는 것이 아닐까요?

물론 본인이 직접 접하여서 습득하는 것이 좋겠지만 많은 시간과 변동의 과정을 경험해야 하겠지요. 하지만 처음에 잘못 습득이 되면 그것을 교정하는 데는 배의 시간을 요구하기 때문에 처음 습득할 때 올바르게 하기 위해서 부모와 선생님이 필요하게 됩니다.

그런데 이 모든 행위가 아이 본인 자신이 습득하는 것을 도와주는 것이 되어야지 주입식이 돼서 가르치려고 하면 거부 반응이 오기 마련이고 또한 시간도 배가 소요됩니다.

결론은 처음에 어떤 것을 배울 때 부모와 선생님들은 바른 습관을 제시하면서 아이 본인이 만들어갈 수 있게 앞에서 징검다리의 돌처럼 능력에 맞게 놓아 주는 것이 아이들이 배워 나가는 것의 기본이라 생각합니다.

𝄢 60

첫 번째 습관

우리가 처음 악기를 배우면서 중요한 것은 맨 처음 습관과 자세입니다.

그런데 우리가 생각하는 것과 다른 결과가 나오는 것도 많이 있게 되지요. 그중 이런 것도 한 가지 있습니다.

아이들은 처음 활을 움직이는 속도가 빨리 안 된다고 천천히 시작하여 빨리 연습하도록 유도하는데 그럴 경우 많은 시간이 소요됩니다. 처음부터 빨리 움직이게 하여야 많은 시간이 단축될 수 있습니다.

활 쓰는 양도 길게 쓰다가 짧게 유도하는 것보다 처음에는 짧게 쓰다 점점 많이 쓰게 하는 것이 쉽게 적응하는 방법입니다.

아마도 아이들의 신체 발달과 관계가 있는 것 같습니다. 이와 같이 여러 가지의 레슨 방법이 많이 있을 것입니다. 우리 선생님들이 노력하여 더 좋은 방법을 연구합시다.

𝄢 61
초보 단계 레슨 방법의 중요성

악기를 처음 접하는 아이들에게 초보 단계의 레슨 방법의 중요성을 생각해 봅시다.

악기뿐만 아니라 모든 면에서 처음에 접하는 것에 따라 아이들의 모든 면이 형성해 나간다고 생각합니다. 우리가 지도하는 방법에 따라 아이들은 자라기 때문입니다.

만일 아이의 능력보다 더 많은 것을 주문하면 아이는 모든 것에 힘들어 할 것이고, 한 부분 한 부분을 대충 하면 아이는 모든 것을 대충 하는 것으로 자라며, 엄격하게 만들어 가게 되면 아이는 모든 것을 스스로 하지 못하고 따라가게 됩니다. 이렇게 몸에 적응하다 보면 바이올린과 첼로뿐 아니라 음악이라는 전체 부분에 부작용이 생길 것입니다.

악기를 떠나서 어떤 것이든 처음에 접하는 것이 나중에 중요한 부분을 이룹니다.

우리의 역할이 아이들 성장 과정에 중요한 부분을 담당한다는 것을 잊지 맙시다.

𝄢 62

칭찬과 체벌

레슨을 하다 보면 칭찬과 체벌을 하게 됩니다. 그때 생각을 해봅시다.

칭찬과 체벌은 제삼자(부모 등)로부터 아이(본인)에게 주어지는 것이어야 합니다. 아이 자신이 원하여 나타나는 현상은 그것에 대하여 효과가 없습니다.

01) 칭찬은 본인이 칭찬으로 느낄 수 있어야만 칭찬으로의 효과가 있습니다.

02) 말로만 하는 칭찬이나 형식에 따른 칭찬은 오히려 칭찬을 믿지 않는 습관을 초래하며 나중에는 모든 것에 믿음이 없

어집니다.

03) 칭찬은 한 가지 한 가지 구체적으로 확인될 수 있는 것으로 합니다.

04) 체벌할 때 벌하는 사람의 감정이 더해진 체벌은 효과가 없어집니다.

05) 체벌할 때는 그 상태에 따른 한 가지에 대하여만 하여야 합니다.

06) 때리는 것으로 체벌하는 것은 처음에는 조금의 효과가 있는 것 같지만 실질적으로는 효과가 없어집니다. (한번 맞아 보면 다음에는 그것보다 한 단계 높은 벌이 가해져야 효과가 있기 때문입니다.)

07) 체벌할 때는 3분 정도의 여유를 두고 하는 것이 좋습니다. (체벌할 때는 사람의 감정이 흥분되기 때문에 사리를 판단하지 못하고 또한 다른 사건까지 불러들여 체벌하게 되므로)

08) 체벌은 사건이 날 때 그 즉시보다는 시간이 지난 후 조용히 이야기하면서 아이의 마음에 느끼도록 하는 것이 더 효과가 있습니다.

09) 상을 줄 때는 물질적인 것보다 본인이 하고 싶어하는 것을 허용하는 쪽이 더욱 효과가 날 수 있습니다.

10) 상은 본인이 원하여서 삼자(상을 주는 사람)가 주는 상은 효과가 적습니다. 상은 제삼자가 평가하여서 주는 것이 되어야 효과가 크며 또한 계속적인 상의 요구를 줄일 수 있습니다.

𝄢 63

표현을 위한 준비 레슨 1

곡을 배워 연주하려면 그 곡에 맞는 표현이 있어야 하겠지요.

처음부터 선생님들이 이렇게 저렇게 하라고 레슨을 하면 매번 선생님들이 가르쳐 줘야 하며 또한 연주자 자신의 곡이 될 수 없습니다.

처음부터 연주하기 위한 테크닉을 본인이 알 수 있게 유도해주는 방법으로 레슨을 하여야 그것이 쌓여 나중에 본인이 표현할 수 있게 됩니다.

예를 들어 음형을 만드는 방법에 대해 어떻게 하면 음색이 슬프게 나고, 기쁘게 나고, 가볍게 나고, 무겁게 나고, 활발하게 나는지 등에 대한 방법을 선생님들이 유도하여 연주자 스스로 만들어 갈 수 있어야 그것을 연주곡에서 표현할 수 있게 될 것입니다.

 곡에서 이곳은 이렇게 하라고 하여 선생님의 곡이 아닌 연주자 스스로의 곡을 만들어 갈 수 있게 미리 표현에 필요한 것을 준비할 수 있도록 하는 것이 선생님들의 역할입니다.

 처음 단계부터 한 단계 한 단계 준비시키는 레슨이 되어야 나중에 느끼는 연주가 될 것입니다.

𝄢 64

표현을 위한 준비 레슨 2

    표현을 하려면 우선 연주 능력과 동시에 구별 능력을 길러 가야 쉽게 연주의 발전을 유도할 수 있습니다.
    연주자 자신이 자기 연주의 상태를 어떻게 하고 있는지를 들을 수 있어야 합니다.
    구별 능력을 기르게 하려면 레슨하는 선생님이 첫 단계부터 주입식이 아닌 구별을 유도하면서 레슨을 해야겠지요.
    정답을 알려주는 것이 아니라 연주자 본인이 선택할 수 있게 선생님은 제시하고 본인이 알 수 있게 해야 합니다.
    그래서 선생님들은 잘못 연주하는 것을 잘(?) 연주하여야 합니다.

레슨받는 사람의 연주 형태를 똑같이 연주하여 본인이 구별하게끔 유도하면서 레슨을 하면 구별 능력이 조금씩 길러지겠지요.

　레슨도 재미있고 밝게 대화하면서 하면 능력은 배가 될 것입니다.

　우리 선생님들 아시는 이야기지요?

𝄢 65

표현을 위한 준비 레슨 3

음악 표현을 위해서 준비하는 것의 제일 중요한 것은 아무래도 테크닉 문제일 것입니다.

연주를 하려면 그 곡에 맞는 테크닉을 할 수 있어야 하겠지요.

바이올린 레슨을 하면서 미리 필요한 테크닉을 단계별로 준비시키면서 아이들이 힘들지 않게 진행을 하여야 하겠지요.

예를 들어.

01) 음형을 구별하면서 연주할 수 있는 능력

02) 스타카토, 스피카토, 살타토 등 주법을 소화할 수 있는 능력

3) 그 곡에 필요한 시대별, 작곡가별 연주 기법

이런 준비를 선생님은 그 아이에게 맞게 조절하여 준비하여야 바이올린과 첼로 표현을 위한 준비가 완성된다고 생각합니다.

그 아이에게 맞는 바이올린, 첼로 레슨이 중요하다고 생각합니다.

아이들이 준비할 수 있게 우리 선생님들도 준비합시다.

𝄢 66

하나의 완성

 요즈음 레슨을 하면서 점점 느끼게 되는 것이 있어 적어 봅니다.
 시대의 흐름일까? 아이들이 점점 악기를 접하는 시간이 없어지고 있는 것은 사실입니다.
 음악을 전공하지 않는 이상 악기는 제일 나중으로 밀리는 것 같습니다.
 우리 생각으로는 음악은 인간의 생활 속에서 많은 부분을 차지하고 있으며 그로 인해서 많은 행복을 추구할 수 있는 것 같은데….
 그러다 보니 짧은 시간에 몇 번의 연습밖에 할 수 없는, 아니 전혀 연습은 없이 레슨에 임하는 아이가 대부분인 것 같습니다.

그럼 우리 선생님들은 어떻게 대처를 해야 할까요?

우스갯소리로 필자는, "연습 안 하고 잘 연주할 수 있는 방법" 하면서 아이들에게 말하는 선생님들께 그러려면 바이올린 케이스를 베고 자라고 합니다.

우리 선생님의 과제!

연습을 여러 가지 시킬 것이 아니라 하나의 키포인트 되는 것을 연습하도록 하여 그것을 완성할 수 있게 해야 합니다. 단 그 하나는 단계적으로 쉽게 올라갈 수 있는 것을 만들어 아이들이 점점 관심을 갖게 하고, 나아가 악기를 좋아할 수 있게 유도해야 할 것입니다.

'좋은 사람은 자꾸 만나고 싶은 것'처럼 하나의 완성으로 그 다음 또 하나의 완성을 유도합시다.

𝄢 67
한 번 레슨 시 하나만 요구하기

아이들이 레슨을 받고 끝나면 무엇을 어떻게 해야 할지 모르는 경우가 많습니다. 그것은 유아들의 특성상 어쩔 수 없습니다.

예를 들어서 유아들과 외출할 때 어머니가 주문하지요.

"애야 어서 양말 신고 옷 입고 가방 챙겨서 나와." 하면 유아들은 여러 가지를 받아들이지 못하고 나중에 들은 "나와"라는 말만 기억하여 그냥 나오게 됩니다.

그래서 레슨할 때도 한 번 레슨 시 제일 중요하고 기본이 되는 것부터 하나만 교정을 원하여 단계적으로 완성을 해나가야 합니다.

"교정을 할 때는 제일 근본적인 것!"

유아가 활을 쓰는데 똑바로 움직이지 못하고 앞뒤로 움직인다면, 바이올린이 내려가고 한다면, 한 번에 두 가지 교정을 원한다면 유아들은 어려워하며 바이올린을 싫어하게 되겠지요. 그럴 때는 바이올린 고정이 먼저 잘 돼야 그다음 활 쓰기가 되기 때문에 먼저 고정을 주문하고, 다음 레슨 시에 활 쓰는 모양을 해야 하겠지요.

바이올린 고정을 수정할 때도 왜 바이올린이 내려가는지를 생각해봐야 합니다. 아이들은 자랄 때 키가 먼저 크고 나중에 옆으로 커지기 때문에 어깨가 좁기 마련입니다. 그래서 바이올린 고정에 어려움이 따릅니다. 그것을 참조하여 알맞은 수정 요구를 하여야 하겠지요.

또 선생님은 그 활 쓰는 모양을 교정하기 전에 그렇게 되는 원인을 먼저 생각하여야 합니다. 활을 잡는 손에 힘이 많이 들어가지 않았나, 어깨에 힘이 들어가지 않았나 등 우선적인 원인을 파악하여 그것부터 교정하면 자연적으로 활 쓰는 모양이 잘될 수 있게 됩니다.

한 번 레슨에 한 가지만 주문하는 방법이 아이들 레슨 시 많은 도움이 될 것입니다.

68

레슨할 때의 타이밍

아이들은 레슨을 통하여 실력이 쌓이고 연습을 통하여 굳어집니다.

그런데 그런 행위들은 아이마다 다른 타이밍으로 형성됩니다.

어떤 아이는 숙련되는 시간이 짧고, 어떤 아이는 시간이 길게 소요됩니다. 그 시간을 잘 맞춰서 진행하여야 지루하지 않고 쉽게 숙달할 수 있습니다.

그러므로 알맞는 시간에 연습이 집중되어야 잘 진행이 되는 것입니다.

그 알맞은 시간은 선생님과 부모님, 아이가 함께 잘 맞춰야 합니다. 물론 얼마만큼의 규칙적인 진행이 이루어져야 합니다.

그런데 보통은 아이들이 싫어한다고, 아이들이 친구하고 논다고, 아이들의 특별한 날이라고 하여 어떠한 이유에서 연습을 쉬거나 다음으로 미루게 되지요. 그러다 보면 잘 숙련되어 가던 것이 다 무너지고 다시 연습해야 하는데, 그때는 처음보다 더 어려워집니다. 그래서 어느 정도의 규칙인 반복 연습은 계속되어야 합니다.

아이가 싫어하더라도 엄한 규율은 병행되어야 합니다.

그래야 아이의 습관이 바르게 형성됩니다. 그래야 아이의 꾀에 넘어가지 않는 것입니다.

예전의 아이들과 차이가 많다고 느끼는 것도 이런 문제 때문인 것 같습니다.

그러면 어떻게 준비해야 할까요?

01) 아이의 습관과 행동거지를 빠르고 정확하게 파악하기
02) 아이의 집중 시간을 정확하게 알기
03) 아이가 좋아하는 것과 싫어하는 것 파악하기

이런 것들을 확인하고 그것에 대응하면서 좋은 방법을 이끌어 내야 할 것입니다.

예를 들어

01) 아이가 전혀 자기 관심사 말고는 건성으로 하는 아이는 관심을 유도하는 것이 첫 번째의 작업입니다. 그다음 한가지씩 발전해 가야 합니다.

02) 행동보다는 말로 하는 아이는 행동을 먼저 하고 말을 할 수 있게 유도해야겠지요.

03) 하기는 하는데 전혀 생각하지 않는 아이는 건성으로 하기 때문에 다음에는 배운 내용을 잘 모릅니다. 자기가 하는 것이 무엇인지 생각하게 유도해야 합니다.

04) 따라 하지만 되지 않는 아이는 생각과 행동이 일치하지 않기 때문입니다. 신체의 기능이 따라갈 수 있게 반복 연습을 하며 기다립니다. 기본적인 기능이 습득되어야 합니다. 모든 기능은 만 7세 이전에 습득하게 훈련해야 합니다. -소근육 훈련-

𝄢 69
상상 속의 레슨과 상상 속의 연습

　우리가 잘 알고 있는 교육, 주체가 누구인지 알고 있지요?
　그럼 레슨할 때 우리가 아이들에게 하는 요구 사항을 아이들이 잘 알고 있을까요?
　지금 아이의 생각이 우리가 요구하는 것과 같은 것인지 다른 것인지 알고 있나요?
　아이 본인의 생각을 우리가 알고 그것을 이끌어 낼 수 있는 방법으로 상상의 레슨을 해봅시다.
　여러 가지의 유도 방향이 있겠지요.
　우선 악기 없이 그 생각에 집중하고 숙달이 되면 악기로 실지 연주하면 쉽게 숙달로 이어질 수 있습니다.

연주할 때 필요로 하는 음형이든지 음 색깔 등을 표현할 때 연주자 자신의 느낌을 익히기 위해서 악기 없이 상상하면서 느낌을 익히는 것도 연주에 많은 도움이 됩니다.

눈으로 보고 따라 하는 것도 중요하지만 본인 자신이 생각하여 느끼는 대로 연습하여 습득하는 것도 좋은 연습 방법이 됩니다.

예를 들면 활 쓰는 모양이나 등을 똑바로 내리는 연습, 손가락 벌리기 등에서 상상으로 모양을 만들면 본인이 실제 연주할 때 그것을 기억하여 바르게 연주하게 됩니다.

𝄢 70

마지막 이야기

지금까지 여러 가지의 이야기를 나눴습니다. 그런데 제일 중요한 것은 무엇이 잘 전달되기 위해서는 주체인 받는 사람 자신에게 달렸다는 것입니다. 전달받는 사람의 뜻에 따라 여러 가지로 변할 수 있고, 또 쉬울 수도 있고 어려울 수도 있기 때문에 받는 사람을 알고 인도하는 것이 중요하다고 생각합니다.

그런데 전달 받는 사람은 각각 다르기 때문에 그 사람에게 맞게 이끌어 주는 것이 중요합니다. "모로 가도 서울만 가면 된다."는 옛 속담이 있긴 하지만 제일 쉬운 방법을 택하는 것이 좋은 것이 아닐까요?

잘하는 연주도 좋지만 연주하는 사람의 인성이 바로잡혀야 하지 않을까요? 좋은 사람, 마음이 착한 사람 말입니다.

우리는 사람이 사람답도록 이끌어줘야 하지 않을까요?

무엇이 중요할까요?

아이, 부모, 선생님의 삼각 구도가 잘 형성되어야 할 것 같습니다.